CAMINHO DE INICIAÇÃO
À VIDA CRISTÃ

Segunda Etapa

LIVRO DO CATEQUISTA

Diocese de Caxias do Sul

CAMINHO DE INICIAÇÃO À VIDA CRISTÃ

Segunda Etapa

LIVRO DO CATEQUISTA

Petrópolis

© 2015, Editora Vozes Ltda.
Rua Frei Luís, 100
25689-900 Petrópolis, RJ
www.vozes.com.br
Brasil

1ª edição, 2015.
4ª reimpressão, 2022.

Todos os direitos reservados. Nenhuma parte desta obra poderá ser reproduzida ou transmitida por qualquer forma e/ou quaisquer meios (eletrônico ou mecânico, incluindo fotocópia e gravação) ou arquivada em qualquer sistema ou banco de dados sem permissão escrita da editora.

CONSELHO EDITORIAL

Diretor
Gilberto Gonçalves Garcia

Editores
Aline dos Santos Carneiro
Edrian Josué Pasini
Marilac Loraine Oleniki
Welder Lancieri Marchini

Conselheiros
Francisco Morás
Ludovico Garmus
Teobaldo Heidemann
Volney J. Berkenbrock

Secretário executivo
Leonardo A.R.T. dos Santos

Revisão: Jardim Objeto
Projeto gráfico e diagramação: Ana Maria Oleniki
Capa: Ana Maria Oleniki

ISBN 978-85-326-5054-2

Este livro foi composto e impresso pela Editora Vozes Ltda.

Sumário

Apresentação 7
Meta a ser alcançada 9
Passos do Caminho 9
Orientações práticas 10
Leitura Orante da Palavra..12
1º Encontro: Somos um grupo que se organiza e se fortalece no caminho ..15
2º Encontro: Nosso grupo continua a história do Povo de Deus 20
Celebração: Rito da entrega da cruz 26
3º Encontro: O chamado e o enviado para a libertação do seu povo 28
4º Encontro: Moisés: no caminho para a liberdade 32
5º Encontro: Os profetas são mensageiros de Deus pela verdade 36
6º Encontro: Celebrando a festa de Cristo, Rei do universo e da vida 40
7º Encontro: A alegria da espera..46
8º Encontro: Maria de Nazaré: mãe sensível e solidária 51
9º Encontro: Jesus é o "Deus conosco": Ele nasce em Belém, "casa do pão" 55
Celebração do Natal de Jesus: Deus se faz gente e caminha
com a humanidade 60
10º Encontro: A alegria do reencontro: a volta 66
11º Encontro: Quaresma: início de um novo tempo na Igreja 70
12º Encontro: Campanha da Fraternidade 74
13º Encontro: Quinta-feira Santa: Jesus prepara a ceia 77
14º Encontro: Sexta-feira Santa: Jesus entrega a sua vida para nos salvar ...81
15º Encontro: Vigília Pascal: Páscoa antiga e Páscoa cristã 85
16º Encontro: Jesus ressuscitado se revela na comunidade cristã 89

Celebração da renovação da fé 93
17º Encontro: A comunidade testemunha o Ressuscitado 96
18º Encontro: Os Sacramentos: sinais da vida de Deus em nós 102
19º Encontro: Sacramento da Reconciliação com o amor de
        Deus e dos irmãos 109
Celebração do Sacramento da Reconciliação 114
20º Encontro: A Igreja se alimenta e vive da Eucaristia: Jesus
        é o "Pão da Vida" 117
21º Encontro: Celebração eucarística: a Ceia do Senhor 122
22º Encontro: Eucaristia: memória da morte e ressurreição de Jesus 128
23º Encontro: Quem vive unido a Jesus produz frutos 133
24º Encontro: O Espírito Santo, protagonista da missão, manifesta
        a Igreja e nos faz missionários 137
25º Encontro: Jesus ressuscitado é o Bom Pastor 142
26º Encontro: Deus conduz à verdadeira felicidade 147
27º Encontro: Jesus anuncia o seu Reino 152
28º Encontro: Jesus, caminho que leva ao Pai 156
29º Encontro: A experiência das primeiras comunidades cristãs 160
30º Encontro: A beleza e o compromisso de ser cristão: os mártires 164
31º Encontro: Dízimo: louvor e gratidão a Deus 168
Celebração da entrega da lembrança da Primeira Eucaristia,
do escapulário e do terço 171
Anexo: Celebrar a vida e a esperança com nossos irmãos falecidos 173
Orações do cristão 178
Referências 182

Apresentação

Queridos catequistas!

Com alegria oferecemos o livro de catequese *Caminho de Iniciação à Vida Cristã* para o uso dos catequistas. É o segundo das quatro etapas do Caminho de Iniciação à Vida Cristã elaborado pela equipe de animação bíblico-catequética da Diocese de Caxias do Sul, RS.

A sociedade pluralista e secularizada que caracteriza os tempos atuais provoca a necessidade de reforçar uma "clara e decidida opção pela formação dos discípulos missionários – os membros de nossas comunidades" (DA 276). Cabe às comunidades eclesiais a missão de fortalecer a fé e favorecer o encontro pessoal com Jesus Cristo, porque a decisão de ser cristão nasce das experiências vividas com Ele.

O Diretório Nacional de Catequese, a Conferência de Aparecida, o Novo Ritual de Iniciação Cristã e as Diretrizes Gerais da Ação Evangelizadora do Brasil propõem um processo de formação do discípulo missionário em forma permanente. As urgências pastorais afirmam que a Igreja ocupa o papel da casa da Iniciação à Vida Cristã concretizada na ação evangelizadora com o anúncio de Jesus Cristo em estado permanente.

A Iniciação Cristã não se esgota na preparação aos Sacramentos de Iniciação, mas é um processo permanente de conversão a Jesus Cristo e sua mensagem, através da Palavra de Deus e vida em comunidade.

O livro do catequista oferece um caminho catequético de iniciação e amadurecimento da fé e da vida cristã. Tem como centralidade a pessoa de Jesus e a experiência do encontro com Ele que, aos poucos, muda a vida e torna os cristãos comprometidos com a vida e a dignidade humana, na construção do Reino de Deus.

É uma catequese de inspiração catecumenal, marcada por ritos e celebrações em sintonia com o ano litúrgico, orientada pela Leitura Orante da Palavra de Deus e para o compromisso com a vida em comunhão com a família, comunidade e sociedade.

Para viabilizar este caminho, acreditamos na proposta metodológica que leve os catequizandos a se aproximarem de Jesus, "Caminho, Verdade e Vida". (Jo 14,6). Tem a preocupação de integrar as diferentes dimensões da pessoa: a mente, a vontade e o coração. Ao longo de quatro anos, o catequizando terá oportunidade de aprofundar sua vida cristã a partir da Palavra de Deus, fazendo com que a celebração dos Sacramentos aconteça ao longo do caminho.

Equipe de Animação Bíblico-Catequética
Diocese de Caxias do Sul

Meta a ser alcançada

O catequista da segunda etapa do Caminho de Iniciação à Vida Cristã deverá apresentar Jesus Cristo como o grande amigo, enfatizando seus gestos em favor das pessoas doentes, pobres, famintas, marginalizadas, presas, revelando-o como o servidor da humanidade. Ainda, almeja-se levar o catequizando a compreender que num grande gesto de amor Jesus doou sua vida em favor da construção do Reino, o qual fazemos memória na Eucaristia.

Passos do Caminho

a. O catequizando é inscrito na primeira etapa da catequese para a Iniciação Cristã na idade de nove anos, seguindo sucessivamente os quatro anos sem necessidade de novas inscrições.

b. A catequese acompanhará o ano litúrgico, desvinculado do ano civil. Iniciará no mês de outubro.

c. Férias: a partir da metade de dezembro até o fim de fevereiro.

d. O reinício dos encontros, no ano seguinte, ocorre no fim de fevereiro ou no início de março, na primeira semana da quaresma, acompanhando o caminho do ano litúrgico, da quaresma e da Páscoa, dando especial atenção ao tríduo pascal. Segue-se com o caminho do ano litúrgico até a metade de setembro.

e. Na primeira semana de outubro do ano seguinte, continua a catequese com a terceira etapa.

f. Os encontros catequéticos estão elaborados para facilitar a sintonia, o acompanhamento e a vivência do ano litúrgico. Seguem o método "Jesus, Verdade, Caminho e Vida", e desenvolverão atividades e dinâmicas que envolvam os catequizandos, os pais e a comunidade.

g. Os encontros de catequese não terminam com a celebração do Sacramento da Eucaristia e da Crisma, mas continuam após a celebração do Sacramento até concluir o ano catequético.

h. Os pais ou responsáveis devem acompanhar seus filhos no Caminho da Iniciação à Vida Cristã, mostrar interesse, participar juntos nas celebrações da comunidade e ajudá-los na vivência da fé.

i. O espaço *Anotações Pessoais* está reservado para o registro do compromisso ou tarefas, comunicações e lembretes.

Orientações Práticas

a. Chegar antes do horário. Acolher bem os catequizandos e dar a atenção necessária a cada um.

b. Organizar o espaço do encontro, juntamente com o grupo, com bom gosto e, sempre que possível, de forma circular.

c. Colocar sempre em destaque a Bíblia, a vela e a simbologia proposta para cada encontro.

d. Criar um clima de amizade, para que todos possam sentir-se bem. Para isso, procurar dialogar e envolver todos de modo que participem ativamente do encontro.

e. Usar uma linguagem acessível no grupo. Valorizar os dons de cada um. O encontro deve acontecer numa relação de amizade e confiança mútuas, facilitando a experiência do encontro com Jesus. Evitar a linguagem escolar: professor, aluno, sala de aula, aula de catequese.

f. Encontrar meios para conhecer a família dos catequizandos e sua realidade.

g. Preparar-se bem para o encontro, rezar e conhecer o conteúdo que deverá desenvolver com o grupo, organizar a simbologia indicada, prever os materiais a serem utilizados. Prever o que é proposto entre um encontro e outro.

h. Seguir o método proposto no Livro do Catequista, respeitando o tempo litúrgico e zelar pela sequência, bem como, observar as indicações no *Caderno do Catequizando*.

i. Adaptar as dinâmicas e as atividades conforme a realidade e as necessidades do grupo.

j. Utilizar a Bíblia como texto base para todo o processo catequético de Iniciação à Vida Cristã.

k. Prever com antecedência os momentos celebrativos, na comunidade, para que sejam bem preparados e vivenciados. Dessa forma, se fortalecerá a caminhada da comunidade e o entrosamento com o caminho catequético.

l. Fazer sua avaliação pessoal a cada encontro e registrar o que julgar importante para si e para a caminhada do grupo.

m. Enriquecer o encontro com outros recursos disponíveis, sem substituir a relação pessoal, o envolvimento e a participação do grupo.

n. Repetir as expressões, orações e mantras quando for necessário. Estas podem ser feitas pelo catequista com frases curtas e o grupo repete.

o. Utilizar os cantos conforme o desenvolvimento do encontro e adaptá-los à realidade local, utilizando recursos visuais adequados ao grupo.

p. Considerar que o Caderno do Catequizando apresenta espaços destinados a registros que facilitem o processo de reflexão sobre as perguntas e atividades propostas. São espaços de uso livre de modo a permitir que o catequista oriente o seu aproveitamento como desejar.

q. Observar que no final do Livro do Catequista encontram-se os anexos com encontros e celebrações optativas a ser utilizadas conforme as comemorações da comunidade, dos meses temáticos ou decorrentes da própria etapa.

Leitura Orante da Palavra

Existem muitas formas de lermos a Bíblia. Mas nossa leitura como animadores e animadoras da fé em nossas comunidades e na Iniciação Cristã deve ser: leitura espiritual, leitura comprometida e transformadora. Não pode ser leitura ingênua, moralista ou fundamentalista. Olhando a história dos cristãos do passado e a vivência das pequenas comunidades, aprendemos um jeito novo de nos aproximarmos da Bíblia.

Em nosso livro de catequese para a Iniciação à Vida Cristã, optamos pelo método da Leitura Orante, pois este método ajuda a assimilar o que a Bíblia diz em Dt 30,14: "A Palavra está muito perto de ti: na tua boca e no teu coração, para que a ponhas em prática".

COMO SE FAZ A LEITURA ORANTE DA PALAVRA?

Antes de tudo, a atitude é colocar-se à luz do Espírito de Deus e pedir sua ajuda. São quatro os passos da Leitura Orante da Palavra: Leitura, Meditação, Oração, Contemplação.

1º Passo: Leitura atenta do texto, feita várias vezes

De acordo com Dt 30,14 "A Palavra está muito perto de ti: na tua boca e no teu coração, para que a possa colocar em prática". Aqui descobrimos o que o texto diz em si mesmo.

O que diz o texto?

- Considerar o sentido de cada frase.
- Destacar os personagens, as imagens, os verbos.
- Repetir alguma frase ou palavra que mais chamou a atenção.

2º Passo: Meditação

É uma forma simples de meditação, um jeito de saborear o texto com cores e cheiros de hoje, da nossa realidade. "A Palavra está muito perto de ti: na tua boca e no teu coração."

O que o texto me diz?

Ruminar, trazer o texto para a própria vida e a realidade pessoal e social.

- O que Deus está me falando?
- Que conversão me pede?
- Atualizar a Palavra para a realidade do lugar, do grupo, do momento.

3º Passo: Oração

O terceiro passo é a oração pessoal que pode desabrochar em oração comunitária, expressão espontânea de nossas convicções e sentimentos mais profundos. "A Palavra está muito perto de ti: ... no teu coração."

Ler de novo o texto.

O que o texto me faz dizer a Deus?

- Formular a oração, suplicar, louvar a Deus, dialogar com Deus.
- Rezar com um salmo que expresse o sentimento que está em nós.

4º Passo: Contemplação

Olhar a vida com os olhos de Deus. É o transbordamento do coração em ação transformadora. "Para que ponhas em prática" (Dt 30,14).

Contemplar não é algo intelectual, que se passa na cabeça, mas é um agir novo que envolve todo o nosso ser.

A partir deste texto, como devo olhar a vida, as pessoas e a realidade?

- O que devo fazer de concreto?
- O que ficou em meu coração e me desperta para um novo modo de ser e agir?
- Em quê esta Palavra me ajuda a ser mais discípulo ou discípula de Jesus?

Somos um grupo que se organiza e se fortalece no caminho

1º Encontro

Preparando o encontro

Somos um grupo que se conhece. Temos uma caminhada feita e estamos iniciando mais uma etapa da Iniciação Cristã para aprofundar e firmar nossa convivência fraterna, continuar a conhecer quem é Jesus e como devemos viver no caminho do discipulado. Somos um grupo que se fortalece para fazer a experiência de Jesus Cristo, que se doa e nos ensina a partilhar e a servir. A Eucaristia, que celebraremos em comunidade, faz memória deste caminho que estamos trilhando com Jesus.

Objetivo: Criar espírito de fraternidade, de partilha e de participação na caminhada cristã, acolhendo os dons do Espírito Santo em cada pessoa.

Preparação do ambiente: Dispor os catequizandos em círculo. Colocar no centro a Bíblia e a vela.

1. MOMENTO DE ACOLHIDA E ORAÇÃO

- Acolher e valorizar a presença de cada um. Lembrar o nome dos colegas. Fazer com que todos se conheçam.

Canto: *Sou feliz na tua companhia.* (3x)

Oração: (Acender a vela e cantar o sinal da cruz).

Peçamos ao Senhor que nos fortaleça, como grupo e como amigos. Rezemos, de mãos dadas, a oração que Jesus nos ensinou: Pai-Nosso.

Canto: *Este encontro será abençoado.*

- Iniciando a conversa:
    - O catequista convida o grupo a partilhar:
        - Como viveu a primeira etapa de catequese? O que foi bom e importante? (Deixar o grupo falar.)
        - O que esperamos viver nesta etapa de Iniciação Cristã?
        - Como desejamos viver esta segunda etapa do Caminho de Iniciação Cristã, que tem como um dos pontos centrais a Primeira Comunhão Eucarística?
- Motivar os catequizandos a registrarem no caderno as suas expectativas e intenções.
- Após, incentivar a leitura do texto inicial do encontro e comentar: no encontro de hoje, queremos fortalecer o nosso grupo e valorizar os dons de cada um, recebidos de Deus.

2. JESUS VERDADE! AJUDA-ME A CONHECER A TUA PALAVRA

- Leitura do texto bíblico: 1 Cor 12,4-11. (Ler uma ou mais vezes.)
- Vamos juntos lembrar o que lemos.
- Motivar os catequizandos a refletirem e partilharem:
    - Cada catequizando poderá dizer quais palavras ou expressões do texto achou importante, o que não entendeu.

Para reflexão do catequista

Paulo lembra à comunidade de Corínto que deve aprender a servir a partir das capacidades que cada pessoa tem. Essas capacidades são chamadas dons ou carismas. Por que foi importante essa explicação na comunidade? Porque lá havia muita inveja e injustiças. Uns se julgavam melhores do que os outros. São Paulo compara as pessoas com suas habilidades, a um corpo que está bem, onde cada membro cumpre seu papel, a sua função.

Na comunidade, ninguém é melhor ou pior porque é diferente. Temos dons diferentes e complementares. As capacidades são presentes de Deus, dadas a todos pelo mesmo Espírito de Deus. Por isso, numa comunidade ou grupo, todas as pessoas são importantes. Nelas sempre há dons de Deus. As habilidades e dons recebidos de Deus devem ser partilhados em comunidade e a serviço da vida. Paulo mostra que todos somos importantes a partir do que sabemos fazer para o bem de todos.

Este texto de Paulo nos ajuda a compreender a dignidade e os valores de cada pessoa. Somos diferentes, convidados a respeitar as diferenças e colocar nossos dons a serviço de todos. Quais critérios julgam uma pessoa mais importante que outra? Muitas vezes, exaltamos as pessoas que têm sucesso financeiro. Por exemplo: não é correto pensar que pessoas que têm conhecimentos de informática e de tecnologias modernas sejam "mais importantes" do que aquelas humildes, que têm o dom de produzir alimentos. As pessoas simples também têm os seus dons e sabem fazer o bem. Nós, cristãos, precisamos reconhecer e valorizar todos os dons presentes nas pessoas e comunidades.

Documentos da Igreja para reflexão do catequista

O Documento de Aparecida nos diz que todos os batizados têm dons. Esses dons devem ser desenvolvidos para o bem de todos. Assim, os cristãos formam uma unidade e comunhão, exercendo a missão de ser sinal de reconciliação e paz para nossos povos. Cada comunidade cristã é chamada a descobrir e acolher os dons que o Espírito Santo oferece para cada fiel. (cf. Documento de Aparecida, 162).

3. JESUS CAMINHO! ABRE MEU CORAÇÃO PARA ACOLHER A TUA VONTADE

- Conversar com os catequizandos sobre:
    - O que a palavra de Deus nos ensina? Olhando para a nossa vida, como estamos vivendo o que nos fala São Paulo?
    - A mentalidade do mundo nos convida a competir ou desenvolver os dons para si. São Paulo, na Palavra que ouvimos, ensina-nos a contribuir, somar, partilhar. O que fazemos com nossos dons? Somos capazes de ajudar os outros?
- Comentar com os catequizandos que após terem caminhado juntos um ano já se conhecem um pouco. Na sequência, entregar uma folha de papel e solicitar que cada um escreva o nome dos colegas e, ao lado do nome, uma qualidade ou um dom que reconhece em cada um.
- No fim, o catequista recolhe todas as folhas. Durante a semana, organiza uma folha para cada catequizando com as qualidades que os colegas indicaram. Na semana seguinte, entrega a cada um, para que leia e guarde para si.

4. JESUS VIDA! FORTALECE A MINHA VONTADE PARA VIVER A TUA PALAVRA

- Orientar:
    - O que cada um quer dizer a Deus neste dia, neste encontro?
    - Cada um deve fazer sua oração e escrever no caderno.
- Após um tempo de silêncio, o catequista convida para dizer em voz alta a oração que cada um fez.
- Ao final, de pé, em círculo, cada um com a Bíblia na mão, o catequista ergue a vela e todos rezam juntos:

Senhor Jesus, queremos viver unidos.
Senhor Jesus, queremos ser alegres e servir.
Senhor Jesus, ajuda-nos a acolher a todos.
Senhor Jesus, ensina-nos a ir ao encontro dos irmãos.
Senhor Jesus, ensina-nos a perdoar.
Bênção: Deus Pai te dê a bênção. Amém!

Deus Filho te conceda saúde. Amém!
Deus Espírito te ilumine e console. Amém!
Guarde tua vida e encha de luz teu coração, agora e sempre. Amém!

5. COMPROMISSO

- Conforme os dons de cada um, organizar o grupo com diferentes atividades, como: preparar a sala para os encontros, cuidar da limpeza e da ordem. Se o grupo desejar, escolher um coordenador do grupo.
- Que compromissos podemos assumir como grupo, para que em nossos encontros cada um coloque seus dons para o bem de todos?
- O que podemos fazer para sermos fiéis a Jesus e viver como povo amado e escolhido de Deus?

6. AVALIAÇÃO DO CATEQUISTA

Durante a semana, avaliar o encontro. Anotar os pontos fortes. Como se sentiu? Os objetivos foram alcançados? Quais foram as dificuldades sentidas?

2º Encontro

Nosso grupo continua a história do Povo de Deus

---Preparando o encontro---

O nosso grupo não é isolado. Somos continuadores da história do Povo de Deus. Somos Igreja. Vivemos como grupo e como comunidade. Como povo escolhido somos convidados a ser um sinal diferente no mundo expressando nossa fé em Deus por atos e palavras. Jesus continua presente e atuante na vida de cada um de nós, pelo dom da fé. Só a fé em Jesus é capaz de libertar o povo, fazendo-o caminhar.

Objetivo: Compreender que olhar, falar, tocar e levantar são gestos capazes de restabelecer a igualdade, promover a solidariedade, a vivência da partilha que nos faz comunidade de fé.

Preparação do ambiente: Organizar o grupo em círculo, com uma mesa no centro, a Bíblia, a vela e as palavras: "olhar", "falar", "tocar" e "levantar" escritas em tiras de papel.

1. MOMENTO DE ACOLHIDA E ORAÇÃO

- Acolher os catequizandos com atenção, carinho e alegria.
- Destacar a importância da presença de cada um, para que todos possam sentir-se bem no encontro.
- Convidar para fazer o sinal da cruz cantando.
- Motivar os catequizandos para contar algum fato ou acontecimento importante relacionado à fé vivido na semana (pessoalmente, na família, na comunidade ou em outras situações).

- Rezar juntos a oração do Pai-Nosso depois de ouvir os fatos ou acontecimentos relatados.
- Iniciando a conversa:
    - Incentivar a recordar os compromissos assumidos no encontro passado: o que cada um conseguiu fazer para colocar seus dons a serviço do bem de todos? Que atitudes teve para expressar sua fidelidade a Jesus? O que o fez sentir-se e viver como parte do povo amado e escolhido de Deus?

Motivação

Deus fez uma aliança com o seu Povo. Jesus caminhou pelas cidades, povoados, ruas, sempre fazendo o bem, curando os doentes, libertando os prisioneiros. Formou os discípulos e ensinou o povo a partilha, a solidariedade, a compaixão e a dimensão do amor. Formou comunidades e ensinou, através de seus gestos, como o cristão deve assumir o compromisso de discípulo e missionário. Como Povo de Deus que somos, cada um tem uma missão de incluir o outro no grupo. Olhar as necessidades das pessoas que fazem parte do grupo. Estabelecer boas relações com todos. Estar a serviço e dar continuidade ao projeto de Jesus com as capacidades que temos e partilhar os dons, para que todos façam parte do grupo com dignidade.

2. JESUS VERDADE! AJUDA-ME A CONHECER A TUA PALAVRA

- Leitura do texto bíblico: At 3,1-10.
- Convidar os catequizandos a refletir e partilhar, propondo:
    - Que cada um leia mais uma vez individualmente o texto.
    - Recontar o texto com as próprias palavras.
    - Destacar as palavras e frases mais importantes do texto.
- Conversar:
    - Quem são os personagens e o que fazem?

Para a reflexão do catequista

Pedro e João sobem ao templo para a oração. Os seguidores de Jesus continuam ligados ao templo e às suas tradições e passaram a fazer parte do movimento, acreditam nele como o Messias e seguem no mesmo caminho.

Na entrada do templo é o lugar onde acontece a cura do coxo. É o espaço dos pobres, doentes, estrangeiros e aleijados, do mercado de animais para o sacrifício e do câmbio de moedas. Na porta formosa, Pedro e João se encontram com um coxo de nascença que era colocado nesse local todos os dias. Ele ficava na porta do templo esperando a esmola dos outros para sobreviver. Uma pessoa doente ou com alguma deficiência física era considerada impura por causa de algum pecado, por isso não podia entrar no templo e nem ser salva. Um judeu, para ser puro diante de Deus, tinha de cumprir com as exigências da lei, participar das festas, pagar o dízimo e praticar as obras de caridade. Dar esmola passou a ser um meio para os judeus conseguirem a salvação. Os pobres, os doentes, os aleijados e todos os marginalizados passaram a ser objetos daqueles que precisavam cumprir a lei para serem purificados diante do Deus do templo. O ouro e a prata tinham o poder de comprar a salvação. Assim, na cura do coxo, as comunidades cristãs, sem riquezas para partilhar, agem na contramão dessa maneira de pensar.

Pedro e João olham fixamente para o homem. Em seguida, Pedro pede que o homem olhe para eles (At 3,3-4). O texto continua: o homem olhou, esperando receber alguma coisa (At 3,5). Pedro olha o homem coxo e pede que ele também olhe para eles. O olhar estabelece igualdade. Esse olhar, como o olhar de Jesus, tem a força de libertar, faz a pessoa tomar consciência da força que existe dentro de si. É um olhar que ressuscita, que produz vida nova.

Pedro e João não têm moedas para dar. Oferecem o bem maior que eles têm: o Nome de Jesus. É em nome de Jesus Cristo, o nazareno, que eles abrem novas possibilidades para o homem coxo. Os apóstolos ordenam: *Levante-se e comece a andar* (At 3,6). Uma palavra que tem o poder de salvar. Ao pegar a mão direita do homem coxo, Pedro rompe com a barreira imposta pela lei do puro e do impuro: ele toca um homem que era considerado maldito de Deus e lhe devolve a alegria de viver.

O gesto da comunidade cristã ajuda a pessoa a ressuscitar, integra-a na vida social e religiosa: *E entrou no Templo junto com Pedro e João, andando, pulando e louvando a Deus* (At 3,8). A comunidade cristã, assumindo a mesma prática de Jesus, testemunha que o tempo messiânico já chegou. O homem coxo é curado. Agora ele ganha autonomia, não precisa ser carregado por outros. Ele recupera suas forças para andar com as próprias pernas. Devolver ao outro a alegria de viver é sinal claro da presença de Deus entre o seu povo.

As comunidades dos Atos, por volta do ano 85, estavam paralisadas, dominadas e subjugadas por dois sistemas: o religioso e o político. Havia muitas pessoas vivendo à margem da sociedade, numa verdadeira situação de isolamento.

Pedro olha, fala, toca e ajuda o coxo a se levantar, em nome de Jesus de Nazaré. Essa prática da comunidade é uma retomada da prática de Jesus. Olhar, falar, tocar e fazer levantar são gestos presentes no relacionamento de Deus com o seu Povo, de Jesus com seus seguidores e da comunidade cristã, que procura se manter fiel aos ensinamentos de Jesus.

Acreditar nos pequenos projetos e somar forças com todos os grupos que estão lutando em defesa da vida ameaçada é aliar-se ao projeto de Jesus. Desenvolver um olhar amoroso, capaz de restabelecer a igualdade e ir ao encontro do outro com palavras capazes de reerguê-lo é atitude cristã. Tocar o outro com as mãos e levantá-lo é solidariedade. *Ouro e prata não temos*, mas, como continuadores, da prática de Jesus, temos a riqueza da herança que ELE deixou. Os gestos humanos são capazes de produzir sementes de vida nova, como discípulos missionários.

Documentos da Igreja para reflexão do catequista

O Concílio Vaticano II, ao falar sobre a Igreja, apresenta-a como sendo aquela que deve promover a unidade de toda a humanidade. Esta unidade se dá por meio de Jesus Cristo (Lumen Gentium, 1). Deus, na sua bondade, aceita todas as pessoas que fazem o bem e praticam a justiça. No entanto, foi Deus mesmo quem quis que os cristãos se unissem e formassem comunidades, um povo para O conhecer e Lhe servir (Lumen Gentium, 9). Assim, a Igreja tem sua origem em Deus e não podemos compreendê-la sem fé. Ela não é somente uma instituição, uma associação de pessoas. Ela é humana, feita de pessoas normais, mas é mais do que isso: liga-nos a Deus e O traz presente no mundo de muitas maneiras.(cf. Catecismo da Igreja Católica, 770).

3. JESUS CAMINHO! ABRE MEU CORAÇÃO PARA ACOLHER A TUA VONTADE

- Conversar dois a dois:
    - O que entendemos pelas palavras "olhar", "falar", "tocar" e "levantar"?
    - Conhecemos pessoas que estão doentes, coxas, abandonadas, tristes? O que podemos fazer por elas?
    - A partir da Palavra de Deus, que hoje lemos, o que significa viver como grupo, como Povo de Deus que segue Jesus?
- O catequista orienta para que os catequizandos anotem no caderno o resultado da conversa. Depois, convida-os para partilhar com o grupo.
- Depois da partilha, o catequista resume para os catequizandos o sentido de seguir Jesus Cristo e colocar-se a serviço da comunidade.

4. JESUS VIDA! FORTALECE A MINHA VONTADE PARA VIVER A TUA PALAVRA

- Diante da Palavra de Deus, somos comprometidos a viver como Povo de Deus e comunidade. Lendo e meditando a Palavra, organizamo-nos como grupo e nos colocamos a serviço uns dos outros.
- O catequista convida para que os catequizandos se aproximem da Bíblia, quatro deles seguram em suas mãos as palavras: "olhar", "falar", "tocar" e "levantar" e todos rezam:

Senhor Jesus, queremos olhar as pessoas com carinho.
Senhor Jesus, queremos falar palavras delicadas e cheias de esperança.
Senhor Jesus, queremos tocar as pessoas para que percebam que a vida é um dom de Deus.
Senhor Jesus, queremos levantar as pessoas caídas da comunidade.
Senhor Jesus, queremos aprender a ser solidários e a partilhar os nossos dons.
Senhor Jesus, queremos viver como grupo e ser Igreja na unidade.

- Escolher um canto apropriado para o momento.

5. COMPROMISSO

- Que compromisso podemos assumir como grupo com as pessoas tristes, abandonadas, coxas e doentes de nossa comunidade?
- Como podemos ajudar a comunidade?
- Como nosso grupo pode dar continuidade à caminhada do Povo de Deus, fortalecendo o dom da fé?

Lembrete:

- Organizar com os catequizandos e com a comunidade a celebração da entrega da cruz.
- Convidar os pais ou responsáveis para a celebração.

6. AVALIAÇÃO DO CATEQUISTA

Durante a semana, avaliar o encontro. Anotar os pontos fortes. Como você se sentiu? Quais foram as dificuldades sentidas?

Rito da entrega da cruz

Celebração inicial para a segunda etapa do
Caminho de Iniciação Cristã

Observação: Este rito poderá ser feito na celebração dominical da comunidade, com a presença dos catequizandos e dos seus responsáveis. Os crucifixos poderão ser introduzidos na procissão de entrada e colocados em uma mesinha, ao lado do altar.

Após a homilia, um casal de pais ou um catequista ergue a bandeja com as cruzes. Quem preside motiva a entrega da cruz, dizendo:

Oração: *Senhor, Pai Santo, que quisestes fazer da cruz do vosso Filho fonte de todas as bênçãos e causa de todas as graças, dignai-Vos abençoar estas cruzes e concedei aos que as trouxerem consigo transformar-se na imagem do vosso Filho, que vive e reina para sempre.*

Todos: *Amém!* (Cantar.)

- Os catequizandos se aproximam para receber a cruz: (Se o grupo for grande, o padre pode pedir ajuda aos catequistas e pais.)

Padre ou ministro: *N..., Receba esta cruz, sinal do amor de Cristo e da nossa fé. Aprenda a amá-la de todo o coração.*

Catequizando: *Amém!*

Depois da entrega: *Vocês estão com a cruz de Cristo, sinal do cristão. É também sinal de que vocês já estão no Caminho da Iniciação Cristã e da caminhada catequética. Esta cruz é para ser usada nos encontros de catequese e nas celebrações.*

CONCLUINDO O RITO

Oração: *Deus, criador e salvador das pessoas, por vosso amor destes a vida a estes nossos irmãos e irmãs. Na misericórdia, os chamastes a Vós. Nós Vos pedimos confiantes: penetrando o íntimo de seu ser, protegei-os e conservai-os neste Caminho da Iniciação Cristã. Levando ao fim vosso plano de amor, concedei que se tornem plenamente conscientes e convictos discípulos do vosso Filho, Jesus Cristo. Pelo mesmo Cristo, na unidade do Espírito Santo.*

Todos: *Amém!*

Continua a celebração com as preces da comunidade – fazer uma prece especial para os catequizandos, pais e catequistas.

3º Encontro

O chamado e o enviado para a libertação do seu Povo

Preparando o encontro

Somos chamados por Deus. A cada um Ele entrega uma missão, e ninguém substitui o outro neste projeto divino. Deus nos chama e nos envia como pessoas que pertencem ao seu povo. Em nome da Igreja, somos enviados para cumprir nossa missão. Deus sempre quis precisar de pessoas para realizar o seu plano de amor para com a humanidade. Por isso, escolheu Moisés para realizar a missão de liderar, animar a libertação de um povo que vivia escravo e dominado pelo Faraó no Egito.

Objetivo: Entender que a vocação de Moisés brota da escuta do clamor do Povo de Deus.

Preparação do ambiente: Dispor os catequizandos de forma circular. Vela, Bíblia no centro, um par de sandálias e tiras de papel, fita adesiva ou cola para formar uma corrente.

1. MOMENTO DE ACOLHIDA E ORAÇÃO

- Acolher todos com alegria para este terceiro encontro da segunda etapa do Caminho de Iniciação Cristã.
- Convidar a se cumprimentarem, indo uns ao encontro dos outros, enquanto cantam: *Senhor se Tu me chamas*.
- Vamos retomar o compromisso que assumimos no encontro passado. O que assumimos? Como conseguimos realizar?
- Após os catequizandos terem partilhado, rezar juntos o Credo.

- Iniciando a conversa:
    - Deus sempre quis precisar de pessoas para realizar o seu plano de amor para com a humanidade. Hoje, vamos conversar sobre um personagem importante, escolhido por Deus para realizar uma missão. Sua missão foi liderar e animar a libertação de um povo que vivia escravo e dominado pelo Faraó no Egito.
    - Quem de nós conhece alguma situação, ainda hoje, de escravidão, de sofrimento e de dominação em nosso meio (casa, bairro, comunidade, cidade...)?
    - Vocês já fizeram a experiência de defender alguém mais fraco que vocês (um colega ou um amigo, alguém necessitado)?

2. JESUS VERDADE! AJUDA-ME A CONHECER A TUA PALAVRA

- Leitura do texto bíblico: Ex 3,2-15 (uma ou mais vezes).
- Convidar os catequizandos a refletir e partilhar:
    - Solicitando aos catequizandos para, em grupo, recontar a história para gravar bem.
    - Quais são as pessoas de que o texto fala e o que cada uma faz?
    - O que Deus vê, ouve, conhece? Que ação realiza (v. 7-8)?
    - O que Deus promete a Moisés?

Para reflexão do catequista

A história da vocação de Moisés está na Bíblia para mostrar o que deve acontecer com cada um de nós: acolher o convite de Deus para viver sua vocação. O autor mostra, através de imagens, o modo como Moisés descobriu sua vocação. Por isso, fala de coisas grandiosas ou até engraçadas para nosso modo de falar hoje: um arbusto que queima sem se consumir. O monte Sinai era um lugar santo. Lá, enquanto Moisés rezava, Deus lhe disse: "Eu vi o sofrimento do meu povo escravo no Egito!". São imagens usadas para mostrar como Moisés se encontrou com Deus e como Deus lhe revelou a vocação e a missão. A partir do texto, podemos dizer que **quando alguém se sente irmão do outro e o vê sofrendo, torna-se responsável por ele** (como Moisés se sentiu responsável pelo povo escravo).

Deus olha com muito carinho e compromisso para o povo sofrido. Por isso, procura alguém que vá até o povo em nome d'Ele. Quando uma pessoa descobre que deve ajudar os sofredores é uma inspiração divina, é como se estivesse falando com Deus, porque nas pessoas está Deus (v. 7).

Moisés foi uma pessoa que não ficou indiferente à dor do seu povo! É por isso que ele descobre sua vocação: sente-se como que obrigado a ajudar o povo a mudar a sua sorte, libertar-se para viver melhor. Então, a vocação não é capricho nosso, mas só se descobre isso quando se é solidário. A vocação vem de Deus. Quem só pensa em si jamais descobrirá sua vocação, nem quem é Deus. O texto diz que Moisés foi chamado por Deus para libertar o seu Povo (v. 10). Moisés deixou-se tocar pela situação ruim do povo. Viu que estava ao seu alcance ajudar aquelas pessoas a viver melhor. Vocação é um serviço aos outros.

Normalmente, quando se fala de vocação, logo pensamos em irmão, padre, irmã. Prefere-se falar de profissão. Profissão e vocação não são a mesma coisa. A profissão é necessária para a pessoa sobreviver. A vocação é resposta livre a um chamado de Deus para realizar uma missão em favor dos outros.

Documentos da Igreja para reflexão do catequista

O documento do Papa João Paulo II sobre a formação dos padres nos recorda que na vocação de cada cristão podemos encontrar um diálogo, uma conversa entre Deus e a pessoa humana. É um diálogo onde se mostra o amor de Deus que chama e convida para uma missão. A pessoa, na sua liberdade, responde ao convite de Deus (Pastores Dabo Vobis, 36). É na comunidade cristã, isto é, na Igreja, que nascem e são educadas as vocações (cf. Pastores Dabo Vobis, 35).

3. JESUS CAMINHO! ABRE MEU CORAÇÃO PARA ACOLHER A TUA VONTADE

- Com tiras de papel, vamos formar anéis, escrevendo, em cada um, palavras que nos escravizam (ex.: ódio, poder…). Após, juntá-los e formar uma corrente. Propor aos catequizandos conversarem sobre as questões e simultaneamente analisar se as palavras da corrente aparecem nas respostas.
- Para conversar:
    - O que essa história de Moisés nos ensina?
    - Você conhece alguma história parecida com essa? Alguma pessoa que lutou para libertar os outros do sofrimento e da dor?
    - Ainda hoje existe escravidão, pessoas que precisam de um libertador?
    - Cada um de nós é chamado, como Moisés, a dizer sim a Deus diante das necessidades dos outros. Como respondemos a esse chamado e a essa missão? Solicitar que os catequizandos escrevam no seu caderno.

4. JESUS VIDA! FORTALECE A MINHA VONTADE PARA VIVER A TUA PALAVRA

- Motivar a pensar: Que oração vamos dirigir a Deus? Depois, orientar a escrever no caderno, dar um tempo para isso e ao término convidar cada um a rezá-la com o grupo.

5. COMPROMISSO

- Para conhecer melhor a história de Moisés, vamos ler em casa com a família o texto bíblico: Ex 2,1-10. (O nome Moisés significa: salvo das águas.)
- Perceber em casa, na escola, no jogo e com vizinhos se acontecem situações de escravidão, de dor, de sofrimento. Para o próximo encontro, iluminados pela Palavra que ouvimos, ver o que pode fazer para ajudar e libertar as pessoas destas situações.

6. AVALIAÇÃO DO CATEQUISTA

Durante a semana, avaliar o encontro. Anotar os pontos fortes. Como se sentiu? Os objetivos foram alcançados? Quais foram as dificuldades sentidas?

4º Encontro

Moisés: no caminho para a liberdade

Preparando o encontro

Moisés, como vimos no encontro anterior, foi chamado e enviado por Deus para libertar o povo que vivia como escravo no Egito. Deus nos dá uma missão: sermos animadores das pessoas. Precisamos ajudar os outros a andar no caminho que leva à verdadeira felicidade. Nossa ação deve ajudar as comunidades e a sociedade humana a percorrer caminhos que promovam a vida.

Objetivo: Perceber o sentido da ação de Deus na história, que passa pelo compromisso com a vida e pelos seres humanos.

Preparação do ambiente: Bíblia, vela e figuras que expressem vida digna e liberdade.

1. MOMENTO DE ACOLHIDA E ORAÇÃO

- Procurar realizar uma acolhida alegre.
- Convidar os catequizandos para rezar juntos:

    Deus vos salve Deus, Deus vos salve Deus,

    Deus salve a vida onde mora Deus.

    Deus vos salve Deus, Deus vos salve Deus,

    Deus salve as pessoas onde mora Deus, vos salve Deus.

- Rezar juntos o Pai-Nosso.
- Retomar o compromisso do encontro anterior, conversando com os catequizandos sobre os resultados obtidos ou não.

2. JESUS VERDADE! AJUDA-ME A CONHECER A TUA PALAVRA

- Leitura do texto bíblico: Ex 6, 28-30 e 7, 1-6.
- Indicar para que pensem, com base no texto, sobre as seguintes questões:
    - Que imagens, pessoas e ações aparecem nesse texto?
    - A quem o povo é convidado a prestar culto?

Para reflexão do catequista

Moisés é pessoa solidária e atenta à situação difícil em que vivia seu povo. Era, também, homem de fé. Por isso, ele dialoga com Deus. Estar próximo de Deus e ser solidário com seu Povo, em suas dificuldades, são duas atitudes que andam juntas. É difícil acreditar que alguém possa amar Deus se não fizer nada pelas pessoas. Quando nos sentimos tocados pelos problemas dos outros, como Moisés, temos mais facilidade para ouvir o chamado de Deus.

Moisés tem consciência de que o povo que sofre como escravo no Egito são seus irmãos. Querem ter uma vida melhor. Precisam sair daquela escravidão. O Faraó quer que os hebreus trabalhem para ele. E isso é injusto. Moisés e também o povo têm isso claro. Então, Moisés, com sua experiência de fé e de solidariedade, propõe-se a conversar com o Faraó para que o povo tenha sua liberdade. O texto dá a entender que o Faraó poderia colaborar com os hebreus, deixando-os livres (v. 7b), mas como estava acostumado a explorar, não aceitou. Não quer conversar com Moisés para tratar da liberdade do povo.

Se quisermos superar as injustiças, não podemos fazer isso sem Deus. É Deus quem quer a liberdade dos hebreus. Deus é contra toda opressão e quer que todos sejam iguais, valorizando as capacidades de cada pessoa.

Olhando para nossa sociedade, vemos que muitos almejam cargos políticos, não para ajudar o povo a ser mais livre, mas para sua promoção pessoal. Outros, ainda, sonham que a eleição de um líder poderá ser a solução para todos os problemas. É necessária a conversão das pessoas para que ninguém, dirigente ou povo, seja injusto. Também é importante notar que é Deus quem inspira Moisés e o povo a buscarem sua liberdade, mas Ele não faz a liberdade acontecer sem a participação do povo.

Documentos da Igreja para reflexão do catequista

Um belo texto do Concílio Vaticano II lembra-nos que os cristãos, discípulos de Jesus Cristo, não podem ficar indiferentes diante das alegrias e dos sofrimentos, das tristezas e angústias das pessoas no mundo de hoje. Tudo deve ressoar no coração, isto é, nunca podemos dizer que algo que está acontecendo no mundo não nos interessa ou não precisamos nos preocupar (Gaudium et Spes, 1). Por isso, os bispos, no Documento de Aparecida, recordam-nos os novos rostos pobres, dos novos excluídos de hoje: os migrantes, as vítimas da violência, os deslocados e refugiados, as vítimas do tráfico de pessoas e sequestros, os desaparecidos, os enfermos de HIV e de enfermidades endêmicas, os tóxico-dependentes, idosos, meninos e meninas que são vítimas da prostituição, pornografia e violência ou do trabalho infantil, mulheres maltratadas, vítimas da violência, da exclusão e do tráfico para a exploração sexual, pessoas com capacidades diferentes, grandes grupos de desempregados(as), os excluídos pelo analfabetismo tecnológico (que não sabem lidar com as tecnologias modernas, sobretudo da informática), as pessoas que vivem nas ruas das grandes cidades, os indígenas e afrodescendentes, agricultores sem-terra e os mineiros. A Igreja, com sua Pastoral Social, deve dar acolhida e acompanhar estas pessoas excluídas nas esferas a que correspondam (cf. Documento de Aparecida, 402).

3. JESUS CAMINHO! ABRE MEU CORAÇÃO PARA ACOLHER A TUA VONTADE

- Indicar que o catequizando escreva em seu caderno:
  - O que essa Palavra de Deus nos fala?
  - O que é ser "escravo" hoje? Quais são as atuais formas de escravidão?
  - Quem são e quem podem ser os Moisés que ajudam a animar a libertação do povo em nossas famílias, comunidades, em nossa sociedade, com o povo que sofre?
- Providenciar a letra do canto *A voz de Deus ainda não cessou* ou de outra música com letra similar, para cantar ou ler e refletir com os catequizandos, juntos ou em grupos sobre: o que diz? O que fala de Moisés? O que fala de nós?

4. JESUS VIDA! FORTALECE A MINHA VONTADE PARA VIVER A TUA PALAVRA

- O que essa Palavra e esses fatos nos fazem dizer a Deus? (Deixar tempo de silêncio para que cada um faça sua oração e escreva no caderno.)
- Fazer em voz alta a oração que escreveu.
- Solicitar aos catequizandos para rezar em dois coros o *Cântico de Miriam e Moisés pela libertação*: Ex 15,1-18. (Todos de pé ao redor da vela e da Bíblia.)

5. COMPROMISSO

- Escolher um compromisso com os catequizandos à luz do encontro.

6. AVALIAÇÃO DO CATEQUISTA

Durante a semana, avaliar o encontro. Anotar os pontos fortes. Como se sentiu? Os objetivos foram alcançados? Quais foram as dificuldades sentidas?

5º Encontro

Os profetas são mensageiros de Deus pela verdade

Preparando o encontro

Na Bíblia, encontramos os livros proféticos. Os profetas são pessoas que falam em nome de Deus. Dizem o que está certo e o que está errado conforme o desejo de Deus. Os profetas não tinham medo de dizer a verdade. Ao longo de toda a história da salvação, percebemos que Deus confia a algumas pessoas a missão de anunciar a salvação. Este anúncio indica o caminho que leva à alegria de uma vida de harmonia com Deus e com o povo.

Objetivo: Compreender que os profetas são mensageiros de Deus. Anunciam a vinda e a justiça do seu Reino. Na esperança, alertam e preparam o povo para o Messias que virá.

Preparação do ambiente: Bíblia, vela, vários pés recortados de diferentes tamanhos, canetas ou pincéis.

1. MOMENTO DE ACOLHIDA E ORAÇÃO

- Iniciar com o sinal da cruz.
- Retomar os compromissos do encontro anterior, partilhar o que e como cada um conseguiu fazer.
- Iniciando a conversa:
    - Nosso encontro tem como tema os profetas. Perguntar:
        - Quem já ouviu falar sobre essas pessoas? O que sabemos sobre os profetas? Quem são e onde vivem? O que fazem? Existem profetas no meio de nós?

2. JESUS VERDADE! AJUDA-ME A CONHECER A TUA PALAVRA

- Aclamar a Palavra cantando: *Tua Palavra é lâmpada*.
- Leitura do texto bíblico: Is 11,1-9.
    - O catequista convida para retornar o texto relatando-o, depois motiva os catequizandos para pensar e partilhar:
        - Que imagens aparecem no texto?
        - Destacar frases e expressões que chamaram a atenção.

Para reflexão do catequista

Os profetas são pessoas que têm a coragem de falar em nome de Deus. Como mensageiros de Deus, pode-se resumir sua missão em dois pontos: ANUNCIAR e DENUNCIAR. ANUNCIAR para a humanidade o projeto de Deus (vida plena para todos) e DENUNCIAR as injustiças que acontecem na sociedade (os sinais de morte). São firmes em denunciar toda a corrupção e injustiças cometidas pelos reis no Primeiro Testamento. Isaías denuncia as más ações do rei Acaz.

O profeta Isaías anuncia um novo mundo. Um sonho a ser realizado com a vinda do Messias e, com ele, um governo justo. Na sociedade sonhada pelo profeta Isaías, todos vivem a verdadeira justiça e a paz na Terra. Desaparecem todas as inimizades. Os que se odiavam, os que se matavam, agora estão um ao lado do outro: harmonia entre as pessoas e até entre os animais.

Hoje, será possível construir esse paraíso sonhado pelo profeta Isaías? Somos convidados a ser profetas no mundo de hoje. Cada um faz a sua parte, não aceitando tudo o que produz exclusão e morte, mas conhecendo e vivendo a mensagem de Jesus. Podemos procurar viver melhor em nossa família, na comunidade, na escola, respeitando e cuidando também da natureza. Agindo assim, haverá mais justiça, paz e amor em nosso coração e na comunidade em que vivemos.

- Comentar com os catequizandos:

   Em nossos encontros anteriores, já conversamos sobre Moisés. Ele foi uma pessoa que viveu a aliança com Deus. Nesse pacto, procurou ser fiel ao que Deus pediu que fizesse, isto é, libertar o povo. Foi uma pessoa que fez um grande bem. Do mesmo modo, os profetas falavam em nome de Deus, apontavam o que estava certo e o que estava errado. Viviam de acordo com os mandamentos. Eram chamados por Deus para cumprir a missão de defender o povo na justiça e na fraternidade.

   Profeta é alguém atento, engajado, presente e que, com fidelidade à aliança, ajuda aos outros a perceberem a realidade. Desperta para a realidade da vida, defende os pobres, os injustiçados, acusa e combate os privilégios. Não busca o êxito nem o sucesso pessoal, mas quer anunciar e testemunhar a aliança com o seu povo.

Documentos da Igreja para reflexão do catequista

O Documento de Puebla afirma que os cristãos, o Povo de Deus, encontram no batismo a força para ajudar na construção do Reino de Deus. Somos todos enviados como profetas. Por meio da luz do Espírito Santo, os cristãos são chamados a ver e a anunciar tudo o que é bom e denunciar onde acontece a maldade presente nos fatos e nas estruturas injustas da sociedade (cf. Documento de Puebla, 267).

3. JESUS CAMINHO! ABRE MEU CORAÇÃO PARA ACOLHER A TUA VONTADE

- Questinar, dialogar e solicitar aos catequizando para que escrevam no seu caderno sobre:
    - O que essa Palavra diz para mim? Para nossa vida? Para a nossa comunidade?
    - Conhecemos pessoas no meio de nós ou longe que vivem como profetas?

- Quem são? O que fazem?
- Comentar: a Bíblia fala de livros proféticos. Vamos procurar, na nossa Bíblia, quais são e que nomes trazem os livros proféticos. (O catequista ajuda a procurar no índice.)
- Convidar a escrever nos pés de papel palavras que expressam as qualidades e a missão dos profetas.
- Perguntar: que atitudes positivas este encontro me pede?

4. JESUS VIDA! FORTALECE A MINHA VONTADE PARA VIVER A TUA PALAVRA

- Orientar: cada um faça sua oração a Deus, iluminado pela Palavra que ouviu e refletiu (escrevendo no caderno). Depois de um tempo, cada um reze sua oração em voz alta, e todos acompanham em silêncio.
- Prever a letra e música da canção: *Se calarem a voz dos Profetas* e convidar os catequizandos a cantar ou rezá-la juntos, prestando atenção à letra. Depois, conversar sobre tudo o que foi vivido no encontro.

5. COMPROMISSO

- Incentivar a pensar juntos uma atitude que os identifique como profetas no grupo de catequese, na família e na escola. (Deixar falar e escolher um para agir.)
- Comentar: vimos que os profetas defendem os pobres e estão ao lado deles. O que nós podemos fazer para estar mais perto deles e valorizá--los? Propor que o catequizando escreva em seu caderno.
- Lembrete: trazer para o próximo encontro figuras de revistas e jornais mostrando pessoas pobres, famintas, doentes e presas.

6. AVALIAÇÃO DO CATEQUISTA

Durante a semana, avaliar o encontro. Anotar os pontos fortes. Como se sentiu? Os objetivos foram alcançados? Quais foram as dificuldades sentidas?

6º Encontro

Celebrando a festa de Cristo, Rei do universo e da vida

―― Preparando o encontro ――

Jesus coloca o contato com o Pai acima de tudo. Nada é feito por Jesus sem que antes Ele entre em profunda oração. Jesus nos ensina que estar com Deus e tê-Lo presente na vida de cada dia é fundamental. Celebrar a presença de Deus na vida diária é fortificar nossa caminhada na prática do bem.

Objetivo: Procurar compreender que o reinado vivido por Jesus é o da vida, da justiça e de acolhida ao pobre.

Preparação do ambiente: Bíblia, vela, um quadro ou imagem de Jesus como Rei do universo. Figuras de pessoas pobres, presas, famintas, doentes...

1. MOMENTO DE ACOLHIDA E ORAÇÃO

- Preparar uma acolhida alegre: acender a vela que está no meio do grupo dizendo: *Cristo ontem, Cristo hoje, Cristo para sempre. Amém!*

- Comentar: No encontro de hoje, vamos refletir sobre a festa de Jesus Cristo como Rei do universo. Lembramos que estamos indo para o final do ano. Com a festa de Cristo Rei, concluímos o ano da Igreja, o ano litúrgico. Na próxima semana, iniciamos um novo tempo que é o advento. A festa de Cristo Rei lembra a vocação do cristão. Pelo batismo todos somos sacerdotes, reis e profetas, portanto chamados para anunciar e testemunhar a boa notícia e colocar nossa vida a serviço dos outros.

- Fazer o sinal da cruz.

- Rezar o Pai-Nosso de mãos dadas.
- Iniciando a conversa:
  - Como vivemos os compromissos assumidos no encontro anterior?

    (Momento de retomada do encontro e compromissos.)
- Propor para os catequizandos:
  - Vamos recordar fatos e acontecimentos que vivemos e foram importantes para nós ao longo deste ano.
- Questionar:
  - Quais foram as coisas boas e menos boas que aconteceram em nossa vida, em nossa família, na comunidade e no mundo? (Deixar falar.)
- Indicar:
  - Olhando as figuras que estão à nossa frente: conhecemos realidades assim próximas de nós? O que elas nos falam?

2. JESUS VERDADE! AJUDA-ME A CONHECER A TUA PALAVRA

- Leitura do texto bíblico: Mt 25,31-46.
- Orientar os catequizandos, propondo:
  - Ler novamente o texto, dois a dois.
- Destacar:
  - Quais os grupos de pessoas dos quais Jesus fala?
  - O que diz aos que estão à sua direita?
  - O que diz aos que estão à sua esquerda?

> **Para reflexão do catequista**
>
> O povo de Israel, na Bíblia, esperava muito um rei justo e salvador. No tempo de Jesus, esperavam um rei ou um líder do povo para se libertar do Império Romano, que ocupava a Palestina e explorava o povo. Com a liderança desse rei, poderiam ser fortes e se livrar dos romanos.

Jesus é o Messias enviado por Deus e também é entendido como rei. Mas Jesus é um rei com atitudes diferentes das esperadas: lava os pés dos discípulos; diz que o maior no Reino de Deus é aquele que serve; em sinal de humildade, entra em Jerusalém montado num jumento e é aclamado rei.

O evangelista Mateus apresenta Jesus como rei, realizando o julgamento das pessoas, destacando aquilo que de fato vale para a vida: amar a Deus e as pessoas, de modo especial as que mais precisam. No tempo de Jesus, os mais necessitados eram os famintos, os que tinham sede, os estrangeiros, os sem-roupa, os doentes e encarcerados.

O Reino, anunciado por Jesus, é entendido como Reino da abundância da vida para todos (Jo 10,10), Reino de santidade e de justiça, Reino de amor e de paz.

Hoje, quem é considerado uma "pessoa de sucesso"? Aquele que tem poder e dinheiro. Esses, normalmente, pensam só em si e não se importam com os outros! É assim que sonhamos ser? Ou podemos assumir o desafio de construir relações humanas como Jesus pensava? É o que ele vai pedir a cada um de nós no fim da vida: o que você fez para ajudar os outros? Não vai pedir quanta riqueza acumulou na vida. Devemos nos imaginar sendo cristãos solidários e ensaiar, desde já, gestos concretos de vida justa e fraterna. Um dia, Jesus vai repetir para nós: "Todas as vezes que vocês fizeram isso a um dos menores dos meus irmãos, foi a mim que o fizeram" (Mt 25,40).

Aprofundando o tema:

Na festa de Cristo Rei, lembramos também a vocação do cristão. Pelo batismo, somos todos sacerdotes, profetas e reis. Somos chamados a anunciar e a testemunhar a boa notícia, a celebrar a vida e a prestar culto a Deus. Como Jesus Cristo, somos reis convocados a colocar a nossa vida realizando o bem a serviço da comunidade e do mundo. A prioridade é a caridade aos mais necessitados.

Documentos da Igreja para reflexão do catequista

Ao escrever sobre a evangelização, o Papa Paulo VI afirmou que Jesus Cristo tinha uma grande missão: "Anunciar em primeiro lugar um reino, o Reino de Deus, de tal maneira importante que, em comparação com ele, tudo o mais passa a ser o resto, que é dado por acréscimo" (Evangelii Nuntiandi, 8). E o que é esse Reino de Deus? "Cristo anuncia a salvação, esse grande dom de Deus que é libertação de tudo aquilo que oprime o homem, libertação sobretudo do pecado e do maligno, na alegria de conhecer a Deus e de ser por Ele conhecido, de o ver e de se entregar a ele" (Evangelii Nuntiandi, 9). Jesus Cristo anuncia o Reino e também é o Rei, o Senhor. Jesus Cristo é Senhor: possui todo o poder nos céus e na Terra. Está acima de todos os tipos de poder e autoridades deste mundo, pois o Pai "colocou tudo debaixo dos seus pés" (Ef 1,20-22). Jesus Cristo é o Senhor de tudo o que existe (cf. Catecismo da Igreja Católica, 668).

3. JESUS CAMINHO! ABRE MEU CORAÇÃO PARA ACOLHER A TUA VONTADE
- Refletir com os catequizandos:
  - O que essa Palavra de Deus na festa de Cristo, Rei do universo, diz para nós hoje?
  - Qual é o ensinamento que nos oferece?
  - Quem são os cabritos e quem são as ovelhas?
  - Que tipo de rei é Jesus? Que reinado Ele quer construir?
- Dinâmica:
  - Orientar: vamos fazer dois grupos. Um grupo procura descrever os valores do Reino de Jesus. Outro grupo descreve os valores do Reino buscados pelas pessoas humanas. Cada grupo prepara e apresenta

uma encenação sobre o tipo de Reino, a partir dos valores relatados.
- Solicitar aos catequizandos que escrevam no quadro de seus cadernos os valores do Reino de Jesus e do Reino humano que o grupo elegeu.
- Conversar sobre o que o grupo observa de semelhante e diferente entre os valores descritos dos dois Reinos.

4. JESUS VIDA! FORTALECE A MINHA VONTADE PARA VIVER A TUA PALAVRA

- Questionar:
  - Que oração nasce do meu coração para o coração de Deus a partir dessa Palavra?
- Orientar a fazer um tempo de silêncio para que cada um possa fazer sua oração.
- Motivar:
  - Olhando para as imagens e figuras que estão no meio de nós e iluminados pela Palavra de Deus, rezemos esta ladainha. Vamos responder após cada invocação: *Venha o teu Reino, Senhor.*

  Para todos os que têm fome e sede...
  Para os pobres e doentes...
  Para os sem casa e sem roupa...
  Para os nossos irmãos e irmãs presos...
  Para os sem-terra e sem trabalho...
  Para os migrantes...
  Para os jovens...
  Na Igreja e no mundo...
  Para as crianças e pessoas idosas...

- Dizer juntos: *Vinde, benditos do meu Pai, para o Reino prometido.*

  Em círculo, todos se abraçam, formando um grupo unido, e rezam juntos a oração do Pai-Nosso.

5. COMPROMISSO

- O Evangelho nos apontou vários grupos de necessitados. Motivar a escolher, cada um conforme suas possibilidades, um grupo para visitar, ajudar, ter um gesto de solidariedade.
- A festa de Cristo Rei nos convida a servir: cada um convide seus pais a conhecer os serviços que existem na comunidade, especialmente os que se orientam à caridade e à ajuda concreta às pessoas. Procurar saber como funcionam e analisar as possibilidades de a família se engajar em algum deles para melhor viver o Evangelho.

Lembrete:

Para o próximo encontro, providenciar: 4 velas de tamanho igual e ramos verdes para construir juntos a coroa do advento.

6. AVALIAÇÃO DO CATEQUISTA

Durante a semana, avaliar o encontro. Anotar os pontos fortes. Como se sentiu? Os objetivos foram alcançados? Quais foram as dificuldades sentidas?

7º Encontro

A alegria da espera

Advento – início do ano litúrgico – ano da Igreja

―――――― *Preparando o encontro* ――――――

Vamos preparar o Natal. O tempo do advento é um tempo de espera. É o Senhor que vem chegando. Esse tempo litúrgico, ao mesmo tempo que nos enche de alegria, é um tempo de vigilância que exige vida nova. Somos convidados, nesta alegre expectativa, a acolher o menino que vem, que está para nascer.

Objetivo: Compreender o novo tempo litúrgico do advento e o sentido da espera alegre do Senhor que vem morar no meio de nós.

Preparação do ambiente: Ramos verdes, quatro velas, uma fita vermelha e a Bíblia.

1. MOMENTO DE ACOLHIDA E ORAÇÃO

- Acolher cada um que chega com alegria e desejar um bom encontro.
- Convidar a fazer o sinal da cruz e cantar: *Vem, Senhor Jesus*.

 (o catequista prepare a letra do canto).

- Recordar os compromissos do encontro anterior, propondo aos catequizandos que partilhem com o grupo:
  - O que cada um conseguiu realizar?
  - Como e se conseguiram envolver os pais no conhecimento e no desejo de assumir algum serviço na comunidade.
  - Iniciando a conversa:

 Convidar a ler o texto, responder as perguntas e partilhar com o grupo as respostas.

No encontro passado, conversamos sobre o fim do ano litúrgico, o ano da Igreja. Este encontro nos introduz em um novo tempo que se aproxima: o tempo do advento. É um tempo especial, pois nos prepara para uma das maiores festas da vida cristã: a festa do Natal. Nós, cristãos, celebramos duas grandes festas: a Páscoa e o Natal. A Páscoa é a festa de todas as festas. Depois vem o Natal. O símbolo que acompanha a preparação do Natal é a coroa do advento, feita de ramos verdes, uma fita vermelha e quatro velas, que deverão ser acesas uma a cada semana, lembrando as quatro semanas de preparação ao Natal.

- Motivar a conversar perguntando:
  - O que já sabemos sobre o advento?
  - O que fazemos neste tempo em preparação ao Natal?
  - Como a televisão, o rádio, a propaganda das lojas preparam o Natal?
- Orientar para montar a coroa do advento com o material providenciado.

2. JESUS VERDADE! AJUDA-ME A CONHECER A TUA PALAVRA

- Leitura do texto bíblico: Mc 1,1-8.
- Alguém vestido de João Batista encena e declama as expressões de João nesse Evangelho.
- Solicitar aos catequizandos para ler novamente o texto, em silêncio e procurando observar atentamente a importância de cada palavra. Depois, motivar a refletir e conversar sobre:
  - O que João Batista fazia e dizia?
  - O que João Batista anuncia?

Para reflexão do catequista

O Evangelho de Marcos foi escrito por volta do ano 60 d. C. O evangelista Marcos foi o primeiro a registrar os ensinamentos deixados por Jesus. Esse texto é o início do Evangelho. Ele abre o livro com a palavra "começo" ou "princípio". O início do livro do Gênesis também começa com a mesma expressão (cf. Gn 1,1). Ao retomá-la, Marcos quer dizer aos seus leitores: há tanto tempo as pessoas esperavam um mundo novo, uma nova criação. Com Jesus essa nova proposta de viver apareceu: "O tempo já se cumpriu, e o Reino de Deus está próximo" (Mc 1,15). O Reino de

Deus se faz presente no mundo pelo nascimento de Jesus Cristo, a Boa Nova da alegria que deve ser anunciada a todo o mundo.

João Batista é o mensageiro de Deus. É o profeta enviado por Deus para preparar o povo para a vinda do Messias. João recebeu também o nome de "Batista" pelos batismos que realizava. Procurava chamar o povo a acolher o Messias na conversão e na mudança de vida.

Vivendo e chamando o povo ao deserto, João Batista ensina o povo a reviver a mesma experiência de libertação vivida pelo povo, no deserto, quando saiu do Egito. Dedica-se a orientar o povo para que se deixe conduzir pela proposta de vida do Messias. Escolhendo alimentar-se com "gafanhotos e mel silvestre", João Batista mostra a recusa por tudo o que a sociedade injusta do seu tempo oferecia. Ao anunciar que Jesus batizará com o Espírito Santo, João indica que o Messias concederá aos que O seguirem a capacidade de discernir o bem e o mal, o caminho de Deus e o caminho da morte.

E nós, podemos ficar tranquilos com o mundo de hoje, com a violência, com as guerras e com as injustiças? Diante de tantas coisas erradas, somos convidados a ser mensageiros de Deus e a convidar as pessoas à conversão. Acolher o menino que nasce no Natal é escolher o valor da vida que Jesus ensinou. Ele é o Emanuel, o "Deus conosco".

Coroa do advento: o que é?

Feita de ramos verdes e com quatro velas, que podem ser brancas ou coloridas. A forma circular lembra que fazemos parte do um universo que é circular e a vida da humanidade e da natureza tem ciclos, cria harmonia, unidade e sintonia. As velas vão sendo acesas gradativamente, uma em cada semana do advento. Assim, ao chegar na quarta semana, temos a totalidade da luz que ilumina todo o universo. Jesus que vem é a grande Luz que brilha nas trevas. Jesus é a Luz das Nações. As velas podem ser brancas ou coloridas, uma de cada cor, expressando a vida, a festa, a alegria de que Jesus é nossa Luz.

Documentos da Igreja para reflexão do catequista

O tempo do advento é para os cristãos um tempo de alegre expectativa. É tempo de esperança. Preparamos-nos para o Natal, quando celebramos a vinda do Filho de Deus, Jesus Cristo, no meio de nós. Também voltamos nosso coração à promessa da segunda vinda de Cristo, no fim dos tempos (Normas Universais sobre o Ano Litúrgico e o Calendário, 39). É tempo de recordarmos esta oração, que os primeiros cristãos rezavam: "Que o Senhor venha e passe a figura deste mundo. Maranatha. Amém" (cf. Didaqué).

3. JESUS CAMINHO! ABRE MEU CORAÇÃO PARA ACOLHER A TUA VONTADE

- Solicitar aos catequizandos que escrevam em seu caderno e depois partilhem as respostas às seguintes questões:
    - O que a Palavra do Evangelho diz para nós? Que mudança nos pede?
    - João Batista prepara o povo para acolher o Messias. E nós, como nos preparamos para acolher Jesus? O que devemos fazer? O que há de errado no mundo de hoje que devemos e melhorar?

4. JESUS VIDA! FORTALECE A MINHA VONTADE PARA VIVER A TUA PALAVRA

- Organizar todos em pé ao redor da coroa do advento e convidar um catequizando a acender a primeira vela do advento. Enquanto acende, o catequista diz e os catequizandos repetem: *Bendito sejas, Deus da vida, pela luz do Cristo, estrela da manhã, a quem esperamos com toda ternura do coração.*
- Convidar o grupo para que, diante do que a Palavra de Deus nos pede, façam preces ou orações espontâneas. A cada prece, todos respondem: *Queremos preparar Tua vinda, Senhor!*
- O catequista prepara a letra da música: *É muito bom, que alegria te louvar,* ou outra conhecida pelo grupo, para que os catequizandos a tenham em mãos.

5. COMPROMISSO

- Comentar e orientar: uma das formas de preparar bem a vinda do Senhor Jesus é cuidar da criação de Deus, da natureza e do meio ambiente. Por isso, nesta semana, vamos assumir juntos o compromisso de cuidar em casa, na escola e na rua da separação do lixo reciclável e buscar conhecer melhor como isso deve ser feito.
- Convidar os pais e familiares para participarem dos encontros de famílias em preparação ao Natal.
- Pensar juntos: que presépio queremos preparar para Jesus?

6. AVALIAÇÃO DO CATEQUISTA

Durante a semana, avaliar o encontro. Anotar os pontos fortes. Como se sentiu? Os objetivos foram alcançados? Quais foram as dificuldades sentidas?

Maria de Nazaré: mãe sensível e solidária

8º Encontro

― Preparando o encontro ―

Nossa Senhora, a mãe de Jesus, é presença viva na história da Igreja. Os cristãos a veneram com muito respeito e nela encontram permanente proteção e um exemplo a seguir. Maria de Nazaré nos ensina a ouvir e a seguir seu Filho Jesus.

Objetivo: Despertar nos catequizandos a capacidade de gestos que façam outros felizes: doação de si como instrumento de Deus.

Preparação do ambiente: Preparar um ambiente festivo, alegre: Bíblia, vela, flores, seis copos com água, a coroa do advento com as quatro velas, a imagem de Maria.

1. MOMENTO DE ACOLHIDA E ORAÇÃO

- Fazer uma acolhida calorosa a cada um e em clima de festa.
- Iniciar com o sinal da cruz e convidar para cantar uma música dedicada a Maria.
- Prever as cópias da letra para os catequizandos.
- Iniciando a conversa:
    - Solicitar aos catequizandos a leitura do texto em seus cadernos e partilhar as questões que seguem:
        - Estamos vivendo o tempo de preparação ao Natal. Já está próxima a chegada do Senhor Jesus, que vem como "Luz das Nações". Nossos encontros estão ajudando a preparar essa chegada, aplainando as estradas, aterrando os vales, transformando água em vinho novo de alegria.

- Como vivemos nosso compromisso assumido na semana passada?
- O que fizemos para preparar a vinda do Senhor?

(Deixar tempo para partilhar as experiências vividas.)

2. JESUS VERDADE! AJUDA-ME A CONHECER A TUA PALAVRA

- Leitura do texto bíblico: Jo 2,1-12.
- Motivar a refletir e partilhar:
  - O que diz o texto? Identificar os personagens e as ações que cada um realiza.
  - Como foi a presença de Jesus e Maria na festa de casamento?
- Lembrar a frase e os gestos que mais chamaram a atenção.
- Organizar o grupo para encenar esse fato.

Para reflexão do catequista

Jesus, Maria e os discípulos vão a uma festa de casamento, na cidade de Caná, na Galileia, terra de Jesus. A presença de Jesus nessa festa mostra que Ele está junto do povo em todos os momentos, nas horas da dor, mas também nas alegrias.

Nessa festa de casamento, acontece o primeiro sinal de Jesus, como o evangelista João apresenta. Maria aparece na festa como aquela que percebe a falta de vinho. Comunica logo essa situação ao seu Filho, Jesus: "Eles não têm mais vinho" (Jo 2,3). Esse gesto de Maria simboliza a comunidade sensível às necessidades do povo. Ao mesmo tempo, é a comunidade de fé em Jesus que acredita na sua proposta de vida (vinho novo). Por isso, os serventes são orientados a confiar na palavra e a fazer tudo o que Jesus mandar: "Fazei tudo o que Ele vos disser" (Jo 2,5). Esse casamento representa a aliança de Deus com o povo que o acolhe na pessoa de Jesus. Sem Jesus, a humanidade vive "uma festa de casamento" sem vinho, isto é, sem felicidade e amor.

Nos dias atuais, somos convidados a ter o coração e o olhar de Maria: descobrir o que está faltando em nossas famílias e comunidades para terem vida digna e felicidade, para não faltar o vinho da alegria, da acolhida e da festa. Como Maria, somos convidados a seguir Jesus, o Caminho, a Verdade e a Vida (Jo 14, 6). Será que as pessoas não andam tristes porque querem fazer da vida uma festa sem Jesus?

Documentos da Igreja para reflexão do catequista

"Porventura a Virgem Maria não cumpriu a Vontade do Pai, ela que deu fé à mensagem divina, que concebeu por sua fé, que foi eleita para que dela nascesse entre os homens aquele que haveria de ser nossa salvação, que foi criada por Cristo, antes que Cristo fosse criado nela? Certamente, Santa Maria cumpriu perfeitamente a vontade do Pai e, por isso, é mais importante a sua condição de discípula de Cristo do que a de Mãe de Cristo; ela é mais ditosa por ser discípula de Cristo do que por ser Mãe de Cristo. Por isto, Maria foi bem-aventurada, porque, antes de dar à luz o Mestre, o trouxe em seu seio. Por isto, é a bem-aventurada Maria, porque escutou a Palavra de Deus e a observou. Guardou mais a verdade em sua mente do que a carne em seu seio" (SANTO AGOSTINHO, Sermão 25,7: PL 46, col. 937-938). "Na vida pública de Jesus, aparece de modo revelador sua Mãe [...] ela suscitou com sua intercessão o começo dos milagres de Jesus Messias (Jo 2,1-11). Ao longo da pregação (de Jesus, acolheu as palavras com que seu Filho [...] proclamou bem-aventurados (cf. Mc 3,35; Lc 11,27-28) os que escutam e guardam a Palavra de Deus, como ela o fazia fielmente (Lc 2,19.51). Assim, ela progrediu [...] na peregrinação da fé e manteve fielmente sua união com o Filho até a cruz, junto à qual se manteve erguida (Jo 19,25), sofrendo profundamente com seu Unigênito e associando-se ao seu sacrifício com entranhas de Mãe [...]" (cf. Lumen Gentium, 58).

3. JESUS CAMINHO! ABRE MEU CORAÇÃO PARA ACOLHER A TUA VONTADE

- Para conversar:
  - O que essa palavra fala para cada um nós e para o nosso grupo?
  - Qual é a transformação que nos pede?

- Solicitar que os catequizandos escrevam no caderno:
    - O que Maria levou de novo à festa de casamento?
    - Qual o vinho novo que falta em nossas famílias e comunidades?
- Orientar para que, em duplas, façam uma lista de situações e realidades que tiram a alegria de nossas famílias e nossas comunidades. Após, partilhar no grupo.

4. JESUS VIDA! FORTALECE A MINHA VONTADE PARA VIVER A TUA PALAVRA

- Orientar:
    - Todos em pé, ao redor da coroa do advento. Convidar um catequizando a acender a segunda vela do advento. Enquanto acende, o catequista diz: *Bendito sejas, Deus da vida, pela luz do Cristo, estrela da manhã, a quem esperamos com toda ternura do coração.*
    - O que a Palavra de Deus, nas Bodas de Caná, nos faz dizer a Deus?
- Cada um formule uma prece, um pedido, uma oração ao Senhor e escreva no caderno. Após um tempo de silêncio, rezar no grande grupo.
- A cada prece ou oração, responder: *Maria, ensina-nos a fazer tudo o que Jesus disser.*

5. COMPROMISSO

- No dia a dia, assumir o jeito de ser de Maria. Viver as atitudes de solidariedade, de serviço, de mulher profética e evangelizadora.
- Preparando-nos para o Natal, vamos nesta semana perceber as necessidades da comunidade e apresentá-las aos líderes (pároco, vereador, prefeito, presidente da associação de moradores, entre outros).

6. AVALIAÇÃO DO CATEQUISTA

Durante a semana, avaliar o encontro. Anotar os pontos fortes. Como se sentiu? Os objetivos foram alcançados? Quais foram as dificuldades sentidas?

Jesus é o "Deus conosco": Ele nasce em Belém, "casa do pão"

9º Encontro

— Preparando o encontro —

Jesus, Filho de Deus, tornou-se um de nós. Como nos ensina São Paulo, Jesus se fez, em tudo, igual a nós, menos no pecado. Essa realidade nos faz sentir Deus muito perto de nós. O Deus dos cristãos escolheu como morada o coração humano.

Objetivo: Viver a alegria do nascimento de Jesus e compreender o gesto da encarnação.

Preparação do ambiente: A coroa do advento com as quatro velas, a imagem do Menino Jesus, de Maria e José, a Bíblia e um pão.

1. MOMENTO DE ACOLHIDA E ORAÇÃO

- Fazer uma acolhida calorosa, com espírito natalino.

Canto: uma música natalina conhecida.

- Iniciar com o sinal da cruz e rezar uma Ave-Maria.
- Iniciando conversa:
  - Comentar: neste tempo de preparação para acolher Jesus menino, vamos citar que pessoas, situações e realidades gostaríamos de lembrar e colocar diante de Jesus. (Indicar a olhar para o presépio.)
  - Perguntar: o que lembramos do encontro passado?
- Convidar os catequizandos para ler o seguinte texto em seus cadernos:

Jesus é o "Deus conosco". Ele nasce em Belém. Muitas pessoas não sabem, mas Belém é a pequena cidade de Judá, a 9 Km de Jerusalém, onde Jesus nasceu. Nosso Salvador, Jesus, nasceu em Belém

55

ou Bethlehem, que em hebraico significa casa do pão. Esse menino que nasce em Belém é o "Pão da Vida", o "Pão Vivo descido do Céu".

Jesus nasce em lugar pobre. Os pastores da região foram os primeiros a receberem a notícia. Eram pessoas simples e desprezadas da sociedade que cuidavam dos rebanhos. Jesus precisou dos simples para anunciá-Lo. Ele continua amando as pessoas de coração simples. A cada Natal Ele renova o nosso coração e quer que sejamos os anunciadores de seu projeto.

- Convidar os catequizandos para partilhar com seus colegas o compromisso assumido no encontro anterior e como foi vivido.
- Acender a terceira vela da coroa do advento.

2. JESUS VERDADE! AJUDA-ME A CONHECER A TUA PALAVRA

- Leitura do texto bíblico: Lc 2,1-20.
- Para refletir e partilhar:
  - Ler novamente, em silêncio.
  - Convidar os catequizandos para recontar o texto lido junto com os seus colegas.
  - Identificar os personagens, fatos e ações que aparecem no texto, escrevendo no quadro em seu caderno, destacando a cada um deles.

Personagens	Fatos	Ações

- Fazer o grupo contar a história (em mutirão).
- O catequista ajuda o grupo a entender o texto.

Para reflexão do catequista

O texto do Evangelho ajuda a celebrar a alegria do Natal: Deus que se faz pessoa humana em Jesus. A grandeza de Deus está na humildade, pois enviou seu Filho igual a nós.

O recenseamento ordenado pelo imperador visava a saber quantas pessoas havia no seu império, com o objetivo de controlar o pagamento dos impostos. Assim, podia aumentar mais sua riqueza explorando o povo.

Jesus nasce fora de casa, em Belém, confirmando ser o Messias esperado e anunciado pelos profetas (Miqueias 5,1). O lugar de nascimento mostra que Deus fez opção pelos fracos e pobres. Os primeiros a receberem a notícia do nascimento do Messias foram os pastores: pessoas pobres e humildes, desprezados e considerados sem valor na sociedade daquele tempo. Sendo simples, acreditaram que aquele menino era o Messias esperado. E foram também os primeiros anunciadores do seu nascimento. (Ele está no meio de nós.)

Hoje acreditamos que Deus caminha conosco? Onde percebemos sua presença? Nos grandes acontecimentos, no poder, na riqueza? Ou, como os pastores, nos fracos, nos pobres e nas pessoas justas? Ele deve encontrar lugar em nosso coração, em nossa família e na sociedade. Naquele tempo, não havia lugar para Jesus nascer nas casas de Belém, por isso nasceu numa estrebaria. Como devemos ser para ter um lugar para Ele hoje?

Não podemos celebrar a festa do Natal e deixar o aniversariante Jesus fora da sua festa. No Natal, lembremos que o maior presente que Deus nos deu foi o seu filho Jesus. Para recordar esse presente de Deus, muitas pessoas têm o costume de trocar presentes.

Documentos da Igreja para reflexão do catequista

No Natal celebramos o nascimento de Jesus. Ele se fez homem, como nós, sem deixar de ser Deus, pois é o Filho de Deus. A isto, a Igreja chama de "encarnação" (Catecismo da Igreja Católica, 461). Por isso, a liturgia da Igreja assim canta: "Maravilhoso mistério! Hoje tudo se renova: Deus se fez homem; imutável na sua divindade, assumiu a nossa humanidade" (Antífona do Benedictus de 1º de janeiro da Liturgia das Horas). Fazendo-se homem e nascendo pobre, Jesus viveu como nós: "O Filho de Deus trabalhou com mãos humanas, pensou com inteligência humana, agiu com vontade humana, amou com coração humano. Nascido da Virgem Maria, tornou-se verdadeiramente um de nós, semelhante a nós em tudo, exceto no pecado" (cf. Gaudium et Spes, 22).

3. JESUS CAMINHO! ABRE MEU CORAÇÃO PARA ACOLHER A TUA VONTADE

- Conduzir uma conversa a partir das seguintes questões:
  - Existem, hoje, fatos semelhantes, pessoas que nascem sem ter um lugar digno para nascer e viver?
  - Aonde nasce a maioria das crianças?
  - O que a televisão, os jornais e a propaganda mostram nesse tempo de preparação ao Natal? Do que falam?
  - Por que Jesus escolheu nascer entre os pobres?
  - O que essa Palavra de Deus diz para nós?

    (Solicitar para que escrevam a resposta em seus cadernos e partilhem com o grupo.)

  - Orientar para que, como os anjos, cada um faça uma lista de boas notícias que deseja anunciar neste Natal. (Motivar a partilha no grupo.)

4. JESUS VIDA! FORTALECE A MINHA VONTADE PARA VIVER A TUA PALAVRA

- Qual é a oração que brota do meu coração ao coração do Filho de Deus encarnado? Orientar para escrever no caderno.

- Convidar a olharem para os símbolos e fazerem suas orações espontâneas.

    (O catequista conduz a oração e deixa tempo para todos se expressarem.)

- Catequista conclui: Queridos catequizandos, contemplando o menino nascido na "casa do pão", naquela noite feliz e santa, vislumbramos uma luz diferente que ilumina os olhos de nossa fé. Não é a luz de algum astro brilhante em meio às trevas do firmamento, mas a verdadeira luz, que procede do próprio menino, Deus que se fez humano. Essa luz invade os corações e o que pela fé brilha nas mentes precisa se manifestar em ações.
- Canto: música natalina apropriada para o grupo.
- Cada um toma nas mãos a imagem do menino Jesus e a beija.
- Partilhar juntos o pão, lembrando que Jesus nasceu em Belém, casa do pão, e se faz para nós o Pão da Vida.

5. COMPROMISSO

- Orientar para que nesta semana procurem conhecer famílias necessitadas e visitá-las, buscando ajudá-las em alguma de suas necessidades, levando, como os anjos, uma boa notícia.
- Incentivá-los a viver um Natal menos comercial, mais fraterno e solidário.
- Orientar a convidar os pais para um encontro festivo, confraternização de Natal, combinando o dia e a hora. Cada família deverá trazer um prato para a partilha e confraternização.
- Canto de bênção.

6. AVALIAÇÃO DO CATEQUISTA

Durante a semana, avaliar o encontro. Anotar os pontos fortes. Como se sentiu? Os objetivos foram alcançados? Quais foram as dificuldades sentidas?

Deus se faz gente e caminha com a humanidade

Celebração do Natal de Jesus

Obs.: Esta celebração é destinada aos grupos de catequese com suas famílias em um espaço devidamente preparado para essa finalidade. (Não é a celebração da noite de Natal da comunidade.)

Objetivo: Celebrar e antecipar a alegria do Natal do Senhor com as famílias dos catequizandos para sentir-se parte na caminhada catequética.

Preparação do ambiente: Uma gruta com as imagens de Maria e José. Colocar em destaque a Mesa da Palavra com a Bíblia e um local para colocar uma grande vela. Providenciar a imagem do menino Jesus e uma grande vela para serem introduzidos ao longo do encontro, bem como a bandeira da paz. É bom iniciar a celebração com o local no escuro, sem muita luz. Preparar também o espaço para a confraternização, organizar uma equipe que acolhe e prepara o local.

1. ACOLHIDA

Acolher bem os catequizandos e seus familiares. Convidar para ficar à vontade no ambiente preparado para esse momento. Dar as boas-vindas a todos.

Canto de acolhida. (Escolher um que seja conhecido do grupo.)

Animador (a): Iniciemos nosso encontro fraterno, cantando juntos, o sinal da nossa fé.

Em nome do Pai, em nome do Filho, em nome do Espírito Santo. Amém!

Acolhemos todos e cada um aqui presente: pais, catequizandos, catequistas e familiares. Queremos celebrar, na alegria e no amor, o nascimento de Cristo Jesus, nosso Salvador. Lembrando Deus que se fez criança, pedimos que Ele esteja dentro de nós. Que a graça e a paz de Deus Pai, o amor de Jesus que nasce e a alegria do Espírito Santo estejam convosco.

Todos: Bendito seja Deus que nos reuniu no amor de Cristo.

Leitor 1: Estamos reunidos para que a mensagem do Natal desperte em nós gestos e atitudes de solidariedade, de acolhida, de ternura, tornando nossa vida, nossas famílias e comunidades mais humanas e mais divinas.

Leitor 2: Neste tempo de advento, a reunião nos grupos, as celebrações, a Palavra de Deus, nossos encontros de catequese nos ajudaram a relembrar a palavra dos Profetas, a entrar na atitude e na proposta de João Batista e a acolher no silêncio e na oração o sim de Maria, mãe de Jesus, nosso Salvador.

Apagar todas as luzes! Todos se voltam para trás.

2. ANÚNCIO DO NATAL!

Um catequista ou catequizando (pode usar uma túnica branca ou vermelha) do fundo da sala acende a grande vela e proclama com voz forte e bem clara as seguintes aclamações:

1. Eu vos anuncio uma grande alegria! Nasceu para nós o Salvador, o Príncipe da Paz!

Todos: Vem Jesus! Vem Jesus! Há um lugar para Ti!

2. Do meio da sala: O mundo que andava nas trevas viu uma grande luz, é o Messias, Cristo Jesus!

Todos: Vem Jesus! Vem Jesus! Há um lugar para Ti!

3. Mais à frente: Não tenham medo! Que se levantem todos os que dormem e caminhem na sua luz!

Todos: Vem Jesus! Vem Jesus! Há um lugar para Ti.

4. Bem à frente, voltando-se para os presentes: Ele será conselheiro admirável e Príncipe da Paz! Cristo ontem, hoje e sempre. (Acendem-se as luzes.)

Animador 1: Acolhamos com alegria este Príncipe da Paz! O Emanuel, o Deus conosco. Ele veio trazer a vida nova, a liberdade, a fraternidade e nos traz a verdadeira paz: a paz com Deus, a paz com os irmãos e irmãs, a paz conosco mesmos, com a natureza, satisfazendo, assim, todas as nossas necessidades. (Entra um casal, caracterizado de José e Maria, do fundo da sala, com a imagem do menino Jesus (ou uma criança), mostrando-a para todos.)

Canto: *Natal é vida que nasce.*

Animador: Hoje, brilhou a luz para o mundo: o Senhor nasceu para nós. Ele será chamado admirável, Deus, Príncipe da Paz, Pai do mundo novo. O seu Reino não terá fim. "Revelastes hoje o mistério do vosso filho como luz para iluminar todos os povos no caminho da salvação."

Repetir o refrão do canto anterior.

3. ESCUTANDO A PALAVRA:

Animador 1: Escutemos como o evangelista Lucas narra o nascimento de Jesus.

Canto de aclamação.

Leitura do texto bíblico: Lc 2,1-7.

Contemplando a Palavra: O animador vai conduzindo devagar e com voz baixa um momento de interiorização da Palavra. Se achar oportuno, poderá sugerir que as pessoas presentes repitam alguma frase.

Façamos silêncio, gravando em nossa mente e em nosso coração o acontecimento que acabamos de ouvir.

Maria e José foram registrar-se, cumprindo a ordem do imperador.

José e Maria saíram de Nazaré, da Galileia, até Belém, da Judeia.

Maria está grávida.

Completaram-se os dias para o parto.

Maria deu à luz o seu Filho primogênito.

Enfaixou-o e o colocou na manjedoura.

Não havia lugar para eles nas casas.

Leitor 1: O menino que nasce em Belém, na pobreza, é colocado na manjedoura, porque não havia lugar para ele nas casas. Esse menino é o Deus conosco, Príncipe da Paz!

Todos: Ele nasce esperança, traz libertação, ensina o caminho ao Pai, ao irmão!

Leitor 2: Quando, porém, chegou a plenitude do tempo, Deus enviou o seu Filho. Ele nasceu de uma mulher, submetido à lei para resgatar aqueles que estavam submetidos à lei, a fim de que fôssemos adotados como filhos" (Gal. 4,4).

Todos: Ele nasce esperança, traz libertação, ensina o caminho ao Pai, ao irmão!

Leitor 1: O plano de Deus é a salvação para todos. Ele quer reconciliar em si todas as coisas, as da Terra e as do céu, como garantia de segurança, de superação de todas as divisões e discórdias (Ef 1,10).

Todos: Ele nasce esperança, traz libertação, ensina o caminho ao Pai, ao irmão!

Leitor 2: Jesus é o Príncipe da Paz, conforme disse: Deixo-vos a paz, dou-vos a minha paz. Ele nos dá paz porque Ele se dá por nós, a fim de que a reconciliação aconteça, e a paz entre nós possa ser verdadeira. É Ele quem ilumina nossos caminhos e dirige os nossos passos no caminho da paz (Lc 1,79).

Todos: Ele nasce esperança, traz libertação, ensina o caminho ao Pai, ao irmão!

Animador: O sinal de reconhecimento do Messias foi um menino recém-nascido envolto em faixas, deitado na manjedoura e em volta dele uma multidão de anjos cantavam: "Glória a Deus no mais alto dos céus e paz na Terra aos homens por ele amados" (Lc 2,12-14).

Com a disposição de reconhecer e acolher Jesus como Príncipe da Paz em nós, em nossas famílias, nos encontros de catequese e nas pessoas que encontramos a cada dia, em qualquer situação e acontecimento, cantemos também nós:

Canto: Música natalina.

Oração: *Senhor, Tu amas a paz, estabeleceste a paz sobre a Terra. Nós Te apresentamos a desunião do mundo, a desunião que existe no meio de nós, a violência que gera mortes e dor. Ensina-nos a viver a lição da paz trazida por Jesus. Vem e renova a face da Terra. Ensina-nos a sermos compassivos.*

Fortalece a vontade de todos que lutam pela paz e dá-nos a paz que só Jesus nos traz.

Todos: Amém!

Animador: A partilha, a acolhida das pessoas, o bem-querer, a atenção aos necessitados nos ajudam a viver como Jesus nos ensinou.

Rezemos juntos respondendo a cada invocação: *Ó Príncipe da Paz!*

- *Faz brilhar a Tua luz...*
- *Que acabe a violência no campo e na cidade...*
- *Que os pobres sejam alimentados...*
- *Que todos os povos sejam guiados pelos caminhos da paz...*
- *Conduz os governantes nos caminhos do bem comum...*
- *Faz que sejamos cada vez mais irmãos uns dos outros...*
- *Que os direitos e a dignidade da vida humana sejam respeitados...*
- *Que o meio ambiente seja preservado...*
- *Que os migrantes sejam acolhidos e valorizados...*
- *Que seja promovida a evangelização da juventude...*
- *Que a educação da fé e da vida cristã seja uma experiêcia de encontro com Jesus...*
- *Que a paz verdadeira reine nos corações de todas as pessoas...*

   Neste momento, pode entrar alguém com a bandeira da paz enquanto todos, em pé, cantam e se abraçam.

Canto: *É bonita demais!*

Maria e José tomam o menino e o apresentam à comunidade reunida; os catequizandos se aproximam da imagem, e o animador ou um catequista reza:

Oração: É um prazer para nós Te louvar, Deus do universo. Nós Te bendizemos porque Jesus, o nascido de Maria, veio entre nós como pobre, como um Príncipe de Paz, anunciado aos pastores, visitado e adorado pelos reis magos do Oriente. Bendito sejas, Senhor, pela alegria de celebrar esta festa da luz e da paz. Recebe o louvor e a prece que elevamos a Ti com as palavras que Jesus nos ensinou. Pai-Nosso...

4. AVISOS

- Convidar para participar da celebração do Natal na comunidade (local e horário).
- Convite para uma confraternização, após a celebração.

Canto: *Numa noite no Oriente.*

5. BÊNÇÃO

Catequista: O Senhor nos abençoe e nos guarde!

Todos: Amém!

Catequista: O Senhor faça brilhar sobre nós a sua face e nos seja favorável!

Todos: Amém!

Catequista: O Senhor dirija para nós o seu rosto e nos dê a paz!

Todos: Amém!

Catequista: Sobre os catequizandos e sobre todos nós desça a bênção de Deus Pai, Filho e Espírito Santo. Amém.

Encontros para o mês de março em diante

10º Encontro

A alegria do reencontro: a volta

— Preparando o encontro —

Estamos de volta. Passamos alguns dias de férias. Cada um, certamente, tem muitas novidades para contar aos outros. Todo reencontro nos alegra. Temos, porém, um motivo muito especial para estarmos de volta: juntos queremos conhecer mais Jesus.

Objetivo: Viver a alegria de se reencontrar e continuar, juntos, o Caminho de Iniciação Cristã.

Preparação do ambiente: Ambiente acolhedor, arrumado com bom gosto. Vela, Bíblia e água. Prever uma pequena bandeirinha branca para entregar a cada um no fim do encontro. Três folhas de papel do mesmo tamanho e em cada uma escrever uma letra da palavra PAZ. Deixar as folhas no meio da sala de encontro com a parte escrita para baixo, ficando para cima o lado em branco. Perto das folhas, deixar um vaso vazio, flores para o momento da oração final e uma vela apagada.

1. MOMENTO DE ACOLHIDA E ORAÇÃO

- Acolher cada um que chega com alegria e iniciar com o canto.

  Todos tocam na água e traçam o sinal da cruz.

- De mãos dadas, rezam juntos o Pai-Nosso.
- Iniciando a conversa:
  - É bom estarmos juntos novamente. Reiniciamos nossa caminhada, após um tempo de parada e de descanso. É Deus quem nos reúne. Ele faz de nós sua família e alimenta nossa vida cristã. Convidar para que cada um partilhe como foram o Natal, o fim e o início do

ano e as férias. Como conviveram em família? Que fatos e aspectos importantes desejam partilhar com o grupo?

(Deixar o grupo falar, contar, relatar o que fez ao longo das férias.)

Canto: à escolha.

2. JESUS VERDADE! AJUDA-ME A CONHECER A TUA PALAVRA

- Leitura do texto bíblico: Lc 10,1-12; 17-20.
- Orientar os catequizandos para:
  - Repetir a leitura do texto.
  - Destacar os personagens e suas ações.
- Convidar a refletir e partilhar:
  - Quem envia e quem é enviado?
  - Como Jesus organiza o grupo?
  - Em vista de quê?

Para reflexão do catequista

Jesus vai à capital de Jerusalém. Nessa cidade, enfrenta o maior desafio de sua missão. Ao longo da caminhada, vai ensinando para os discípulos que o mais importante é o Reino dos Céus.

A plantação já aconteceu. Está tudo pronto para a colheita. Faltam, porém, colaboradores com prontidão, desprendimento e disposição para trabalhar. Jesus usa a imagem da colheita para mostrar o que está acontecendo com sua pregação. A fraternidade e a paz são ensinadas por Jesus e pelos discípulos em cada casa. Ele oferece a todo o povo a esperança de uma vida nova, do perdão e do amor.

A todos é proclamado que o Messias Jesus já chegou. Ele convida a aderir ao seu projeto. Jesus anuncia que quem O seguir deve carregar a própria cruz. O fato é que muitos desanimaram quando Jesus falou da cruz, pois compreenderam que ela seria consequência de uma vida de fidelidade à proposta do Evangelho. Jesus ensina aos discípulos a partilhar as alegrias da caminhada e as vitórias sobre o mal. Devem acolher bem os que se unem ao rebanho do Bom Pastor. Contudo, a maior alegria não são honras e poder, mas a pertença ao grupo dos "santos", aqueles que têm o nome inscrito no coração de Deus. Os que não querem seguir a Boa Nova de Jesus ficam fora, ficam distantes da nova história trazida por Jesus.

Documentos da Igreja para reflexão do catequista

O Documento de Aparecida nos fala da alegria de seguir Jesus Cristo e de anunciá-Lo: "Conhecer a Jesus é o melhor presente que qualquer pessoa pode receber; tê-lo encontrado foi o melhor que ocorreu em nossas vidas, e fazê-lo conhecido com nossa palavra e obras é nossa alegria" (Documento de Aparecida, 29). A Igreja anuncia, de maneira inseparável, a pessoa de Jesus Cristo e a sua proposta de vida, o Reino: "Trata-se do Reino da vida. Porque a proposta de Jesus Cristo a nossos povos, o conteúdo fundamental dessa missão, é a oferta de vida plena para todos" (cf. Documento de Aparecida, 361).

3. JESUS CAMINHO! ABRE MEU CORAÇÃO PARA ACOLHER A TUA VONTADE

- Comentar e motivar uma conversar com os catequizandos sobre:
    - Jesus disse: "Em qualquer casa onde entrarem, digam primeiro: A paz esteja nesta casa!".
        - Como estamos vivendo esse pedido de Jesus?
        - O que precisamos fazer para que haja paz?
        - O que essa Palavra diz para nós, que estamos iniciando uma nova etapa do nosso Caminho de Iniciação Cristã? O que nós somos enviados a realizar?
- Solicitar aos catequizandos para que façam alguns instantes de silêncio. Depois, orientar para que cada um escreva nas folhas que estão no centro da sala o que é preciso fazer para que aconteça a paz.

4. JESUS VIDA! FORTALECE A MINHA VONTADE PARA VIVER A TUA PALAVRA

- Diante dos símbolos que estão à nossa frente e a partir da Palavra de Deus que refletimos, vamos rezar, procurando responder: o que tudo isso nos faz dizer a Deus?

- Orientar para construir preces e súplicas ao Senhor. Após cada prece espontânea, todos dizem: "O Reino de Deus está próximo!".
- Convidar o grupo para ficar em pé e ao redor das folhas.
- Orientar um catequizando a ler o que está escrito na primeira folha que tem a letra P. Ao terminar, todos dizem: "Jesus, fortalece a minha vontade de viver a paz!".
- Canto: *Paz, paz de Cristo*.
- Convidar um catequizando para acender a vela.
- O catequista convida outro catequizando para ler a segunda folha – letra A. Assim que terminar, convidar para repetir: *Jesus, fortalece a minha vontade de viver a paz!*
- Canto: *Paz, paz de Cristo*.
- Convidar um catequizando para colocar as flores no vaso.
- Fazer o mesmo com a terceira folha – letra Z.
- Convidar para rezar o Pai-Nosso de mãos dadas e o catequista solicita que rezem juntos:

Oração: *Nós vos damos graças, Senhor Deus, de todo o coração. Nós Vos louvamos por vosso filho Jesus, fonte de misericórdia. Nós Vos louvamos pelo Espírito Santo, que nos chama a viver na vossa amizade. Reforçai entre nós os laços da união e dai-nos a capacidade de viver em comunhão. Ajudai-nos a construir, juntos, este ano de formação cristã, vivendo na unidade e na diversidade de cada um. Amém.*

5. COMPROMISSO

- Assim como os discípulos, somos enviados a anunciar o Reino de Deus: onde e a quem vamos anunciar que o Reino de Deus está próximo?
- Que compromissos e ações concretas assumimos a partir do encontro de hoje sobre a paz? (Deixar o grupo escolher uma ação possível.)

6. AVALIAÇÃO DO CATEQUISTA

Durante a semana, avaliar o encontro. Anotar os pontos fortes. Como se sentiu? Os objetivos foram alcançados? Quais foram as dificuldades encontradas?

11º Encontro

Quaresma: início de um novo tempo na Igreja

Preparando o encontro

Jesus sempre toma atitudes corajosas em favor do projeto de Deus. Expulsa os vendilhões do templo, pois o lugar é de oração, encontro com Deus e com os irmãos. Pelo batismo somos templo de Deus. A quaresma é tempo de olhar para nosso templo, libertar-nos da ganância e partilhar de nossos dons.

Objetivo: Buscar compreender e viver com intensidade o tempo de quaresma como um espaço para se libertar do egoísmo através da esmola, da doação e da oração.

Preparação do ambiente: um pano roxo, para recordar o tempo de quaresma. Preparar uma Bíblia fechada e uma vela apagada amarradas com uma corrente (pode ser de papel).

1. MOMENTO DE ACOLHIDA E ORAÇÃO

- Convidar a observar os símbolos que ambientam o encontro e partilhar com os colegas o significado dos mesmos.
- Orientar a ler em silêncio o texto em seus cadernos: Estamos iniciando um novo tempo na Igreja. É o tempo da quaresma. Somos convidados a olhar mais profundamente a nossa vida e como acolhemos o projeto de Deus. É um tempo de vigilância, de oração, de jejum e de esmola. A quaresma nos convida a ser solidários com os que mais sofrem. O Evangelho que vamos ouvir é um convite para uma atitude corajosa de expulsarmos todos os males e viver melhor como cristãos.
- Iniciar com o sinal da cruz.

Canto: *Eis o tempo de conversão.*

- Convidar a partilhar: como vivemos o compromisso do encontro passado? Quem conseguiu realizar a ação? Como se sentiu?

2. JESUS VERDADE! AJUDA-ME A CONHECER A TUA PALAVRA

Canto de Aclamação: *Honra, glória, poder e louvor, a Jesus nosso Deus e Senhor!*

- Leitura do texto bíblico: Jo 2,13-25.
- Para refletir e partilhar:
  - Quais são os personagens do texto? Onde estão e o que fazem?
  - Que situação Jesus denuncia? Como é a religião que Jesus anuncia?

Para reflexão do catequista

Jesus, através de um gesto significativo, purifica o templo de Jerusalém. Segundo Jesus, o templo havia se tornado um "covil de ladrões". No templo, lugar religioso dos judeus, eram realizados negócios, como: cobrança do dízimo, comércio, matança de animais e câmbio monetário. Eram situações de injustiça contra o povo mais pobre.

A cidade triplicava sua população durante as festas pascais. Numa atitude corajosa, Jesus expulsa os corruptos do templo. A casa do Senhor é de oração, de encontro com Deus e com os irmãos. Funcionando desse modo, esse templo devia acabar. O novo templo começa com o Cristo ressuscitado. Pelo batismo, somos incorporados ao templo de Jesus Cristo.

Crer em Jesus é assumir com coragem a vida nova trazida por Ele. Ele revelou o amor de Deus e nos convida a sermos uma Igreja de serviço e fraternidade.

O tempo na quaresma é a hora oportuna de superar superstições, libertar-se do egoísmo e servir com generosidade aos irmãos. Despertar a solidariedade e a partilha, participar do dízimo e ofertar esmola são atos que levam vida a quem dela mais precisa.

Documentos da Igreja para reflexão do catequista

Quando fala de liturgia, o Concílio Vaticano II pede que a catequese esclareça que o tempo de quaresma deve se caracterizar pela preparação dos cristãos para a celebração da Páscoa. É tempo de lembrar ou preparar o batismo e a penitência. Deve-se acolher a palavra de Deus e rezar com mais intensidade (Sacrosanctum Concilium, 109). Na liturgia da Missa desse tempo de quaresma, assim se reza: "Vós concedeis aos cristãos esperar com alegria, cada ano, a festa da Páscoa. De coração purificado, entregues à oração e à prática do amor fraterno, preparamo-nos para celebrar os mistérios pascais (paixão, morte e ressurreição de Cristo), que nos deram vida nova e nos tornaram filhas e filhos vossos" (cf. Prefácio da Quaresma I Missal Romano).

3. JESUS CAMINHO! ABRE MEU CORAÇÃO PARA ACOLHER A TUA VONTADE

- Convidar a confrontar a Palavra de Deus com a vida, a partir das seguintes questões:
    - Se Jesus vivesse hoje, que situações Ele denunciaria?
    - Que apelos Jesus faz para você?
    - Você sente indignação diante das injustiças do mundo? Como nós, cristãos, reagimos?
- Oriente-os a anotar as conclusões da conversa em seus cadernos.

4. JESUS VIDA! FORTALECE A MINHA VONTADE PARA VIVER A TUA PALAVRA

- Comentar:
    - Olhando para o centro da nossa sala, o que vemos?
    - Vendo a vela apagada, a Bíblia fechada e com uma corrente, o que eu sinto?
- Convidar a responder as questões em seus cadernos e depois partilhar com o grupo:
    - Nós concordamos em deixar assim ou vamos mudar essa realidade?
    - O que podemos fazer para mudar?

- Após a partilha, quebra-se a corrente, acende-se a vela e abre-se a Bíblia. Todos fazem uma prece de agradecimento. Após cada prece, todos dizem: *Obrigado, Senhor!*.

5. COMPROMISSO

- Sugerir para deixar de tomar um refrigerante ou de comer um doce e colocar o dinheiro no envelope da Campanha da Fraternidade. Ainda, pode servir para dar um presente ou uma lembrança para ser entregue ao colega ou oferecer para uma coleta da comunidade ou escolher uma outra ação.

6. AVALIAÇÃO DO CATEQUISTA

Durante a semana, avaliar o encontro. Anotar os pontos fortes. Como se sentiu? Os objetivos foram alcançados? Quais foram as dificuldades encontradas?

12º Encontro

Campanha da Fraternidade

── Preparando o encontro ──

A cada ano, a Igreja no Brasil convoca os cristãos para refletirem sobre um assunto da nossa sociedade que faz as pessoas sofrerem muito. A Campanha da Fraternidade (CF), iluminada pela Palavra de Deus, convida-nos a ter atitudes novas em vista das novas relações entre as pessoas e a sociedade.

Objetivo: Estar em comunhão com a Igreja e, através de um gesto concreto, viver melhor o tempo de quaresma como um caminho de mudança de vida.

Preparação do ambiente: Providenciar o cartaz da Campanha da Fraternidade, a cruz e algum símbolo que envolva o tema da Campanha da Fraternidade.

1. MOMENTO DE ACOLHIDA E ORAÇÃO

- Iniciando a conversa:
  - Como estamos vivendo o nosso compromisso do encontro passado?
  - Alguém já ouviu alguma coisa sobre a Campanha da Fraternidade deste ano? Quais são o tema e o lema?
- Apresentar e solicitar aos catequizandos para observar o cartaz da Campanha da Fraternidade e partilhar com o catequista e seus colegas a importância das imagens.
- Propor que os catequizandos desenhem no espaço marcado aquilo que cada um percebe como significativo da Campanha da Fraternidade.

- Contemplando o cartaz, iniciar com o sinal da cruz.

Canto: Hino da Campanha da Fraternidade.

2. JESUS VERDADE! AJUDA-ME A CONHECER A TUA PALAVRA

- Leitura do texto bíblico: Mc 9,2-10. (Pode ser o dos domingos da quaresma.)
    - Para compreender melhor: vamos reconstruir o texto. Quem são os personagens? Em que lugar eles estão? O que acontece?

> **Documentos da Igreja para reflexão do catequista**
>
> A Campanha da Fraternidade nos ajuda a viver a caridade que nos pede a quaresma, a partir de uma situação concreta de sofrimento. A propósito, São João Crisóstomo nos diz: "Quereis honrar o Corpo de Cristo? Está bem, não o desprezeis, quando o vedes coberto de cansaço. Depois de o terdes honrado nas igrejas coberto de seda, não o deixeis sofrer do lado de fora pelo frio e pela sua nudez. Aquele que disse 'este é meu corpo' é o mesmo que disse 'me vistes com fome...'" (Evangelii Sancti Mathaei, hom. 50,2.4). Assim, também, nesse tempo, rezemos: "Vós acolheis nossa penitência como oferenda à vossa glória. O jejum que praticamos, quebrando o nosso orgulho, nos convida a imitar vossa misericórdia, repartindo o pão com os necessitados" (cf. Prefácio da Quaresma III Missal Romano).

3. JESUS CAMINHO! ABRE MEU CORAÇÃO PARA ACOLHER A TUA VONTADE

- Orientar os catequizandos a responderem as questões em seus cadernos e depois conversar sobre o que escreveram.
    - O que eu conheço a respeito da situação que a Campanha da Fraternidade apresenta?
    - Que situação de morte a Campanha da Fraternidade quer denunciar?
    - O que eu penso dessa situação?
    - Como eu me sinto diante da situação apresentada?

4. JESUS VIDA! FORTALECE A MINHA VONTADE PARA VIVER A TUA PALAVRA

- Orientar cada catequizando a tocar na cruz e fazer um pedido expressando de que mal gostaria que Deus o libertasse. Após cada pedido, todos dizem o lema da Campanha da Fraternidade. (Rezar a oração da campanha.)
- Solicitar para escrever o tema e o lema da Campanha da Fraternidade no caderno.

5. COMPROMISSO

- Continuar o compromisso do encontro passado, isto é, renunciar a alguma coisa para reverter o dinheiro em favor da Campanha da Fraternidade.

Lembrete:

Conversar com os pais para recordar como foi o dia do seu batizado e trazer a certidão de batismo ou uma foto para o próximo encontro.

6. AVALIAÇÃO DO CATEQUISTA

Durante a semana, avaliar o encontro. Anotar os pontos fortes. Como se sentiu? Os objetivos foram alcançados? Quais foram as dificuldades encontradas?

Quinta-feira Santa: Jesus prepara a ceia

13º Encontro

Preparando o encontro

A celebração da Quinta-feira Santa faz a memória de três realidades vividas por Jesus e propostas por Ele como caminho de vida para os cristãos. Essas três realidades são: instituição da Eucaristia – Jesus se faz alimento e força de nossa fé e nossa adesão à sua proposta do Reino; instituição do sacerdócio Jesus continua oferecendo ao mundo, através da Igreja, os caminhos da salvação; o mandamento do amor – Jesus apresenta a única fórmula para que no mundo os homens vivam em paz: a caridade fraterna.

Objetivo: Compreender a Eucaristia como amor, doação, partilha e serviço.

Preparação do ambiente: Uma mesa com toalha branca, flores e uma bacia com água. Pão para ser partilhado com a turma e levar um pedacinho para casa. Criar um ambiente bem alegre, pois é dia de festa.

1. MOMENTO DE ACOLHIDA E ORAÇÃO

- Iniciar com o sinal da cruz cantado.
- Iniciando a conversa:
  - Comentar: a Quinta-feira Santa é um dia festivo para nós, cristãos. Jesus, através do pão da Eucaristia, continua presente em nosso meio de maneira visível. Também Jesus nos ensina o amor-serviço, lavando os pés dos discípulos. Celebrar a Eucaristia é reviver a vida de Jesus e se comprometer com o irmão.

2. JESUS VERDADE! AJUDA-ME A CONHECER A TUA PALAVRA

- Fazer um canto de aclamação. (Todos em pé.)
- Leitura do texto bíblico: Lc 22,1-30.
- Conduzir a reflexão e partilha do texto bíblico da seguinte forma:
  - Retomar o texto com a participação dos catequizandos.
  - Solicitar que sublinhem as palavras proferidas por Jesus e propor que sejam proclamadas.
  - Motivar os catequizandos para que descrevam como era o lugar em que Jesus preparou a ceia e os gestos que realizou.

Para reflexão do catequista

Jesus entra em Jerusalém e quer celebrar a ceia pascal com seus discípulos. Ensina a vigiar para não cair em tentação. Ensina a esperar com paciência e prudência, pois o tempo está próximo.

O texto relata a ceia pascal como encontro íntimo e fraterno, como celebração confortável em forma de banquete de amigos. Infelizmente, Judas Iscariotes não consegue comungar com Jesus e a comunidade dos apóstolos e o trai por 30 moedas de prata.

A ceia é celebrada com os seus, que compreendem as palavras e os gestos de Jesus. Ela é uma síntese de tudo o que Jesus disse e fez. Por isso, para podermos celebrar a Eucaristia, devemos compreender a vida e a missão de Jesus. A Eucaristia, pão e vinho, corpo e sangue de Cristo, torna presente toda a vida e a doação de Jesus Cristo. É o "sangue derramado por nós", símbolo do amor-doação, da entrega em favor da humanidade de todos os tempos.

Quem vive em comunhão com o Senhor não encontra postos de destaque nem privilégios, mas o serviço e o compromisso. Essa é a maneira de viver o que celebramos na Eucaristia. Cristo se fez último, servo de todos, a fim de nos conduzir ao Pai. Só quem ama serve, e amar é gastar a vida com o irmão. Não é possível celebrar bem a memória da paixão, da morte e da ressurreição do Senhor, a Eucaristia, sendo gananciosos, orgulhosos e egoístas. Cristo, testemunha fiel, doa-se para que tenhamos vida em abundância! Esse é o sentido da Eucaristia.

Documentos da Igreja para reflexão do catequista

A celebração da Páscoa realiza-se em três dias. Inicia na Quinta-feira Santa, com a missa da ceia do Senhor, também conhecida como "Lava-pés", passa pela celebração da paixão e morte do Senhor, na Sexta-feira Santa, tem seu ponto alto na celebração da Vigília Pascal, no Sábado Santo, à noite, e se conclui no Domingo da Ressurreição de Jesus Cristo (Normas Universais sobre o Ano Litúrgico, 19). A celebração da Quinta-feira Santa recorda a Última Ceia de Jesus com os discípulos. Nessa refeição, instituiu a Eucaristia. Ele quis, assim, que a sua morte na cruz e sua ressurreição fossem celebradas nas comunidades cristãs para sempre. A Eucaristia é "sacramento da piedade, sinal de unidade, vínculo de caridade, banquete pascal em que Cristo nos é comunicado em alimento, o espírito é repleto de graça e nos é dada a garantia da futura glória" (cf. Sacrosanctum Concilium, 47).

3. JESUS CAMINHO! ABRE MEU CORAÇÃO PARA ACOLHER A TUA VONTADE

- Solicitar aos catequizandos para realizarem a leitura do texto em seus cadernos:

A celebração da Quinta-feira Santa é chamada também "Páscoa da Ceia". Jesus celebra a última ceia com seus amigos, coloca-se como servidor da comunidade e nos deixa a herança do amor maior. É o dia da celebração da entrega: Judas entrega Jesus aos chefes dos sacerdotes por 30 moedas de prata. Jesus se entrega a si mesmo. Ele nos dá seu próprio corpo e sangue como alimento e sinal de sua presença no meio de nós.

- Orientar para que respondam a questão: o que podemos aprender com Jesus?

- Comentar: nosso grupo está se preparando para participar plenamente da Eucaristia. Como estamos realizando esse caminho? Solicitar que os catequizandos registrem os comentários do grupo em seus cadernos.

4. JESUS VIDA! FORTALECE A MINHA VONTADE PARA VIVER A TUA PALAVRA

- Em círculo, com os catequizandos, realizar o gesto do "lava-pés". Enquanto cada um lava os pés de quem está ao lado, diz o que aprendeu do encontro de hoje.
- Rezar um Pai-Nosso e depois, de mãos estendidas em direção ao pão que será partilhado, repetir a oração da bênção:

Oração: *Senhor Jesus Cristo, que, tendo compaixão do povo, abençoastes no deserto os cinco pães, nós Vos pedimos: abençoai este pão, para que, por ele alimentados, sejamos fortes na luta contra o mal e na prática da partilha. Isto nós pedimos a Vós que sois o Pão Vivo que dá vida e a salvação ao mundo, em união com o Pai e o Espírito santo. Amém.*

- Rezar juntos o salmo 116 da Bíblia.
- Gesto: repartir o pão com os catequizandos, orientando-os para levar um pedaço para sua família.

5. COMPROMISSO

- Fazer a experiência de partilhar alguma coisa de que gosta com uma pessoa, de preferência com alguém não muito conhecido e mais necessitado.
- Missão: ir se reconciliar com quem brigou, para viver a unidade da Eucaristia.

Lembrete:

Escolher alguns catequizandos para lerem o Evangelho do próximo encontro em forma de diálogo: um comentarista, Jesus, o chefe, o soldado, o criminoso que insulta Jesus, o outro que pede perdão e o oficial.

6. AVALIAÇÃO DO CATEQUISTA

Durante a semana, avaliar o encontro. Anotar os pontos fortes. Como se sentiu? Os objetivos foram alcançados? Quais foram as dificuldades encontradas?

Sexta-feira Santa: Jesus entrega a sua vida para nos salvar

14º Encontro

Preparando o encontro

Jesus amou tanto a humanidade que entregou sua vida para nos salvar. Nessa entrega total, Jesus realiza a vontade do Pai.

Objetivo: Ajudar o catequizando a compreender o grande gesto do amor de Jesus, partilhar a própria vida e morrer para que todos tenham vida. Entender a morte como experiência de doação.

Preparação do ambiente: Cruz com um pano roxo, Bíblia, Evangelho dialogado: o comentarista, Jesus, o chefe, o soldado, dois criminosos e o oficial.

---

1. MOMENTO DE ACOLHIDA E ORAÇÃO

- Cada um toca na cruz que está à sua frente e traça o sinal da cruz.

Canto: *Vitória, tu reinarás.*

- Iniciando a conversa:
  - Convidar: vamos partilhar como vivemos o compromisso do encontro passado.
  - Comentar: neste encontro, vamos refletir sobre a paixão e a morte de Jesus. É na entrega total que Jesus cumpre a missão que o Pai lhe confiou. No tempo de Jesus, morrer crucificado era a maior humilhação que alguém poderia sofrer. Jesus, porém, dá um novo sentido à cruz: a torna, com sua morte, sinal de salvação e de libertação.

2. JESUS VERDADE! AJUDA-ME A CONHECER A TUA PALAVRA

Canto: *Louvor e glória a ti, Senhor.*

- Leitura do texto bíblico: Lc 23, 26-49, em forma de diálogo.

- Solicitar aos catequizandos:
    - Após a leitura, fazer um momento de silêncio. Cada um pode retomar o texto novamente.
    - Cada catequizando fala qual foi a parte que mais chamou a sua atenção.
    - Destacar nomes dos personagens, dos grupos e as ações realizadas.

> **Para reflexão do catequista**
>
> Jesus está em Jerusalém, capital e sede do governo romano e lugar do templo de Deus. Lá o Filho de Deus testemunha sua fidelidade ao Pai e seu amor à humanidade até o fim. Em Jerusalém, a morte de Jesus é planejada. Pilatos, um povo manipulado e também Herodes tomam a decisão de matar Jesus. Confundem Jesus com os reis existentes. Castigam-No e trocam-No por um homicida e O desprezam ao extremo, matando-O como um bandido que se rebela contra seu povo e país. Ao contrário, Jesus domina toda a situação. Não compreendem que o seu Reino não é deste mundo nem como os reinos deste mundo.
>
> Simão Cireneu é obrigado a auxiliar Jesus. Como é importante receber uma mão estendida no momento do sofrimento! Soldados caçoam e oferecem vinagre àquele que é dono da vinha. Ridicularizam sua origem, o pobre galileu. Desconhecem sua missão e a Boa Nova que viveu e pregou. Vendo o modo como viveu esses momentos dramáticos, respondendo com amor à violência recebida, o centurião romano o reconhece como Filho de Deus. O ladrão, companheiro de cruz, confia-se a Cristo.
>
> Ele representa toda pessoa que, diante de seus erros, reconhece em Jesus um novo caminho de vida. No fim, Jesus se entrega ao Pai, confia-Lhe sua vida e sua morte, move-se ao seu encontro. Ele sai vencedor: "Minha vida ninguém a tira, eu a dou livremente", afirmou. Jesus foi morto porque num mundo onde reina o egoísmo, o amor sempre será crucificado. Ele é vencedor, pois viveu o amor até as últimas

consequências. Em que eu quero gastar minha vida? O que desejo deixar como testemunho de minha vida para os que vierem depois de mim? O que a morte de Jesus me ensina? "Da cruz, não existe outra escada por onde subir ao céu" (Santa Rosa de Lima).

Documentos da Igreja para reflexão do catequista

Em toda a sua vida, Jesus Cristo acolheu e transmitiu às pessoas o amor de Deus Pai pela humanidade. Assim, "amou-nos até o fim" (Jo 13,1), "pois ninguém tem maior amor do que aquele que dá a vida por seus amigos" (Jo 15, 13). Deus sempre quis o bem e a salvação de todos, inclusive no momento de seu sofrimento e morte. Aceitou com liberdade sua morte pelo amor que tinha pelo Pai e pelos homens. O amor guiava todas as suas ações. Por isso, pode dizer: "Ninguém me tira a vida, mas eu a dou livremente" (Jo 10,18) (cf. Catecismo da Igreja Católica, 609).

3. JESUS CAMINHO! ABRE MEU CORAÇÃO PARA ACOLHER A TUA VONTADE

- Orientar para responder as perguntas e depois partilhar:
    - O que essa Palavra de Deus quer nos ensinar?
    - Quando e quem continua a crucificar Jesus, hoje?
    - Ainda hoje acontecem mortes e sofrimentos injustos?

4. JESUS VIDA! FORTALECE A MINHA VONTADE PARA VIVER A TUA PALAVRA

- Solicitar para fazer silêncio diante da cruz, lembrando o grande amor de Deus para cada um de nós. Passar a cruz de mão em mão. Cada um que pegar a cruz repete as palavras que Jesus disse: "Pai, perdoa-lhes! Eles não sabem o que fazem!"(Lc 23,34).
- Depois, com a cruz no centro, em silêncio, cada um reflita:
    - Com que eu gasto minha vida? Como viver, morrer ou ressuscitar no Senhor?
- Convidar: diante da cruz de Cristo, elevemos nosso pedido. Após cada prece, dizer: *Senhor, ensina-nos a doar a vida!*

- Rezar juntos o Salmo 31: "Eu me entrego, Senhor, em tuas mãos...".

Canto: *Salve cruz libertadora!*

5. COMPROMISSO

- Cada um confeccione uma cruz de madeira, escreva no verso seu nome e a data.
- Escolher, junto com os colegas, o que podem fazer para aliviar o peso da cruz de irmãos nossos que sofrem fome, saúde, miséria, insegurança...

Lembrete:

Trazer a lembrança do batismo no próximo encontro.

6. AVALIAÇÃO DO CATEQUISTA

Durante a semana, avaliar o encontro. Anotar os pontos fortes. Como se sentiu? Os objetivos foram alcançados? Quais foram as dificuldades encontradas?

Vigília Pascal: Páscoa antiga e Páscoa cristã

15º Encontro

― Preparando o encontro ―

A Vigília Pascal é a espera ansiosa do encontro com o Cristo ressuscitado. Mesmo sem termos visto, acreditamos que Jesus venceu a morte. Celebrar a Páscoa é celebrar a maior festa cristã. Nela encontramos significado para a nossa fé, as razões da esperança e nosso compromisso cristão com o amor. Esta é a festa da felicidade plena, proposta por Jesus. Esta é a festa que mostra a fragilidade do nosso tempo presente e a esperança de realização do coração humano em seu encontro com Deus.

Objetivo: Viver a Vigília Pascal como a mais importante das celebrações cristãs.

Preparação do ambiente: O círio, a cruz coberta com um pano branco e flores. Um pote com água e a lembrança de batismo.

1. MOMENTO DE ACOLHIDA E ORAÇÃO

- Iniciar com o sinal da cruz e convidar a repetir em forma de mantra: *Em Cristo morremos e em Cristo ressuscitamos para uma vida nova.*
- Orientar para ler juntos o texto:
  - Hoje vamos refletir sobre a festa mais importante para os cristãos. Em Cristo ressuscitamos para uma vida nova. O batismo nos faz filhos de Deus. Em cada Páscoa encontramos o significado de pertencer à família de Deus, que nos incorporou pelo batismo.
- Solicitar aos catequizandos, após a leitura do texto, para que anunciem a data de seu batismo para todo o grupo.

Canto: *O ressuscitado vive entre nós.*

2. JESUS VERDADE! AJUDA-ME A CONHECER A TUA PALAVRA

- Aclamar a Palavra cantando: *Tua Palavra é luz do meu caminho.*
- Leitura do texto bíblico: Rm 6,3-11.
- Solicitar para os catequizandos para que leiam mais uma vez o texto, individualmente.
- Motivar a refletir e partilhar:
    - Do que fala o texto?
    - Quais os verbos que aparecem no texto?

Para reflexão do catequista

Paulo é o apóstolo da conversão. Experimentou a vida nova do ressuscitado e quer mostrar em que consiste essa vida de batizados. Com a graça de Deus, compreende e vive o caminho de salvação que nos chegou por meio de Cristo e convida os seres humanos a confiarem plenamente no Senhor. Insiste para que os cristãos de Roma, a quem escreve, superem o estado de pecado para viver no amor.

O batismo nos une a Cristo, como filhos seus, sepulta nosso pecado e nos move para viver a vida nova do Reino de Deus. A vida unida ao ressuscitado pelo batismo torna presente a salvação de Cristo para o mundo, fazendo da Igreja sinal de comunhão nas pessoas, nas comunidades e na sociedade.

A liberdade de filhos é conseguida graças à morte do pecado. O pecado tem que morrer, pois no batizado deve aparecer a vida nova devido à vida unida a Cristo. Os sinais de morte, os instintos de Caim e a força do mal não podem mais governar nossa vida e nossa história. Sozinhos, sabemos que não vencemos, mas unidos ao vencedor da morte, teremos vida em abundância. Paulo convida romanos e cristãos a se levantarem do leito da escravidão para caminhar e seguir Cristo, produzir frutos de justiça e promover a paz.

Se a Páscoa é a vitória de Cristo sobre o pecado e a morte, unidos a Ele pelo batismo, devemos ser sinal de vida livre do pecado, sinais de ressurreição.

Documentos da Igreja para reflexão do catequista

Conforme os documentos da Igreja, a Vigília Pascal é celebrada no Sábado Santo, à noite. Para os cristãos é a mais importante celebração litúrgica do ano. Santo Agostinho afirma que "a Vigília Pascal, durante a noite em que Cristo ressuscitou, é considerada como a 'mãe de todas as Vigílias'" (Normas Gerais para Ordenamento do Ano Litúrgico Missal Romano, 21). Na celebração se faz memória da ressurreição de Jesus Cristo. Nela torna-se presente o acontecimento passado para os dias de hoje com a releitura para os tempos de trevas e luzes que a humanidade sempre viveu. Enfatiza-se, através das leituras da Sagrada Escritura, para que se abram os olhos e se perceba a luz. O pregão pascal exorta para que a libertação dos filhos de Israel para que se estenda ao longo da história, renove a humanidade que busca a alegria e a paz do Senhor Ressuscitado. É a noite santa que traz a luz (cf. Precônio Pascal).

3. JESUS CAMINHO! ABRE MEU CORAÇÃO PARA ACOLHER A TUA VONTADE

- Solicitar aos catequizandos para que respondam em seus cadernos:
    - Que gestos ou atitudes nós temos que são sinais de morte?
    - Que gestos ou atitudes nós temos que são sinais de vida, isto é, de ressurreição?
- Motivar os catequizandos para que partilhem com o grupo aquilo que escreveram.

4. JESUS VIDA! FORTALECE A MINHA VONTADE PARA VIVER A TUA PALAVRA

- Convidar para que, em silêncio, cada um pense:
    - O que essa Palavra me faz dizer a Deus?

- Qual é a oração que a luz do ressuscitado me faz orar? Escrever no caderno.
- Orientar:
  - Em círculo, ao redor do círio e da cruz, cada catequizando, com a lembrança do batismo, diz em voz alta o seu nome, o nome dos pais e dos padrinhos e conclui afirmando: *Senhor, eu renovo o meu batismo. Quero continuar vivendo como cristão. Amém!*
- Colocar a mão na água que está à frente e cada um trace o sinal da cruz na testa do outro.

Canto: *Banhados em Cristo.*

5. COMPROMISSO

- Fazer uma ação que seja sinal da ressurreição.
- Solicitar que participem da Vigília Pascal na comunidade, prestar atenção na renovação das promessas e escrever no caderno como foi que isto aconteceu.

6. AVALIAÇÃO DO CATEQUISTA

Durante a semana, avaliar o encontro. Anotar os pontos fortes. Como se sentiu? Os objetivos foram alcançados? Quais foram as dificuldades encontradas?

Lembrete:
Organizar a celebração da entrega do Credo e a renovação das promessas do batismo.

Jesus ressuscitado se revela na comunidade cristã

16º Encontro

Preparando o encontro

Sempre que procuramos criar fraternidade nos ambientes onde vivemos estamos colocando Jesus no meio das pessoas. Em nossos gestos de fraternidade, encontramos Jesus, que nos ilumina e nos dá forças. As atitudes que geram fraternidade permanecem para sempre. É na comunidade que podemos reconhecer e nos encontrar com Jesus ressuscitado.

Objetivo: Perceber que Jesus está em nosso meio nos gestos de amor, alegria, perdão e solidariedade.

Preparação do ambiente: Revista para recortar figuras que são sinais de ressurreição, cartolina ou papel pardo, cola, tesoura, flores e o círio pascal.

1. MOMENTO DE ACOLHIDA E ORAÇÃO

- Retomar com os catequizandos as anotações da Vigília Pascal, em especial o que foi às promessas batismais.
- Motivar a fazer o sinal da cruz.
- Canto: com sentido pascal.
- Propor aos catequizandos observar as imagens do cenário do encontro e comentar quais retratam sinais de ressurreição.
- Convidar a ler juntos o texto em seus livros e comentá-lo: estamos vivendo o tempo de Páscoa. Jesus ressuscitou. Ele vive, venceu a morte e trouxe vida nova. Nem sempre é fácil acreditar na ressurreição de Jesus. Para crer, duas coisas são necessárias: ter fé e viver em comunidade.

2. JESUS VERDADE! AJUDA-ME A CONHECER A TUA PALAVRA

- *Canto de aclamação: Aleluia! Aleluia! Aleluia!*
- Leitura do texto bíblico: Jo 20,19-29.
- Solicitar aos catequizandos para que leiam o texto mais uma vez, individualmente.
- Motivá-los a refletir e conversar sobre:
    - Que personagens aparecem?
    - Como eles estão? O que fazem?
    - O que chamou mais a sua atenção?

Para reflexão do catequista

Depois da ressurreição, Jesus se manifesta aos seus. Encontra-se fraternalmente com eles, como tinha feito na ceia eucarística, antes de sua entrega definitiva na cruz. Após a morte de Jesus, os apóstolos estavam medrosos, desanimados. A comunidade estava sem direção. Tudo toma novo vigor no encontro com o ressuscitado. Assim:

1. Jesus deseja a paz aos seus. A paz, fruto da justiça, plenitude do bem e da solidariedade. As bem-aventuranças confirmam: felizes os promotores da paz, porque serão chamados filhos de Deus (Mt 5,9).

2. Mostra-lhes a mão e o lado para comprovar que é Ele mesmo e não um fantasma. Era o corpo glorioso do Mestre com as chagas da cruz, o mesmo Jesus que conheceram e com quem conviveram. E os discípulos se alegraram. Enfim, conseguiram compreender quando Jesus lhes falava de sua morte e ressurreição. Ele tinha razão!

3. Ele envia os discípulos para realizarem a mesma missão que o Pai Lhe confiara: amar todos, propor-lhes o Reino e convidá-los à conversão. Não os deixa sozinhos, mas lhes oferece o Paráclito, o Espírito de Deus, para, juntos, em comunidade, manterem-se fiéis à missão recebida de Jesus. O perdão dos pecados é consequência da conversão.

4. Tomé, que não estava presente no domingo, na reunião da comunidade dos discípulos, tem dificuldade para crer. É na comunidade, no domingo,

que o cristão se encontra e reconhece o ressuscitado. É na comunidade, também, que o cristão é chamado a testemunhar sua fé em Cristo, para que, pelo testemunho dos discípulos, outros creiam, sem precisar ver (Jo 20,29). Como você valoriza o encontro dominical em sua comunidade?

Documentos da Igreja para reflexão do catequista

A ressurreição de Jesus Cristo é uma grande notícia: "Anunciamo-vos a Boa Nova: a promessa, feita a nossos pais, Deus a realizou plenamente para nós, seus filhos, ressuscitando Jesus" (At 13,32-33). Desde as primeiras comunidades cristãs, a ressurreição de Jesus é a verdade central de nossa fé (Catecismo da Igreja Católica, 638). Nos diz São Paulo que se Cristo não tivesse ressuscitado, nossa fé não teria sentido (1Cor 15,14). Do que se trata, quando falamos da ressurreição de Jesus Cristo? A ressurreição de Cristo não é uma volta à vida terrestre, como foi o caso das ressurreições que Ele havia realizado antes da Páscoa: a filha de Jairo, o jovem de Naim e Lázaro. Essas pessoas voltaram simplesmente à vida "ordinária", como viviam antes. Em determinado momento, voltariam novamente a morrer. A ressurreição de Cristo é diferente de todas essas. Em seu corpo ressuscitado, Ele passa de um estado de morte para outra vida, diferente da nossa vida neste mundo. Na ressurreição, o corpo de Jesus é repleto do poder do Espírito Santo, um corpo espiritual. Paulo chamou Cristo ressuscitado de "o homem celeste" (cf. Catecismo da Igreja Católica, 646).

3. JESUS CAMINHO! ABRE MEU CORAÇÃO PARA ACOLHER A TUA VONTADE

- Solicitar aos catequizandos para que respondam em seus cadernos:
    - O que essa Palavra de Deus diz para mim? Para nós? Quais os apelos que ela nos faz?
    - Como você valoriza o encontro dominical em sua comunidade?
- Orientar para que, em dupla, os catequizandos façam um cartaz com figuras que revelam o Cristo ressuscitado.

4. JESUS VIDA! FORTALECE A MINHA VONTADE PARA VIVER A TUA PALAVRA

- O que a Palavra de Deus nos faz rezar? (Tempo de silêncio.)
- Cada dupla apresenta o seu cartaz fazendo uma prece. Após cada prece, ergue o círio e todos cantam: *O ressuscitado vive entre nós! Amém, Aleluia!*.
- Rezar um Pai-Nosso de mãos dadas.
- Dar e desejar a paz de Cristo ressuscitado a cada um do grupo.
- Canto: *A paz, a paz esteja em você.*

5. COMPROMISSO

- Oferecer uma flor natural para ser destinada a alguma pessoa que precisa sentir a presença e a ação de Deus como sinal da ressurreição: um pobre, um doente, um idoso abandonado, alguém sem esperança...

6. AVALIAÇÃO DO CATEQUISTA

Durante a semana, avaliar o encontro. Anotar os pontos fortes. Como se sentiu? Os objetivos foram alcançados? Quais foram as dificuldades encontradas?

Lembrete:
Organizar a preparação da celebração da renovação da fé e a entrega do **Credo** (comunicar aos pais a importância de sua presença e participação.)

Celebração da renovação da fé

Orientações práticas

- Esta celebração está prevista para o segundo domingo de Páscoa. Caso não seja possível, ela pode acontecer no tempo pascal.
- É importante prever com antecedência esta celebração; combinar com o padre ou o ministro da comunidade e com a equipe de liturgia.
- Para esta celebração, é importante garantir a presença dos familiares e, quanto possível, dos padrinhos de batismo.
- Providenciar: o círio pascal, uma vela para cada catequizando e uma folha de ofício contendo a oração do Credo, para ser entregue a cada catequizando.
- Se acharem oportuno, os catequizandos podem estar todos vestidos com uma camiseta branca.

1. A celebração poderá iniciar com a procissão de entrada dos catequizandos ou apenas de alguns representantes introduzindo o círio pascal. O livro da Palavra e uma bandeja ou cestinha com as velas para cada catequizando.

2. Na motivação inicial, o animador ou o presidente da celebração, com breves palavras, acolhe os catequizandos, seus familiares e a comunidade. Lembrar que farão a renovação da fé e receberão o símbolo da fé para continuar fortalecendo o Caminho de Iniciação Cristã.

APÓS A HOMILIA

O momento da profissão de fé seguirá com este rito:

Catequizando: Sabemos que no dia de nosso batismo recebemos de Cristo a vida da graça e a luz da fé. As perguntas feitas pelo ministro foram respondidas por nossos pais e padrinhos. Agora, nós mesmos queremos responder, renovando nosso batismo. (Todos os catequizandos acendem sua vela no círio pascal.)

- Durante o acendimento da vela, pode ser feito um canto:

Esta luz vai me guiar no meio da escuridão; Minha fé vai aumentar; Minha vida vai mudar ou *Prometi, no meu santo batismo...*

Catequista: Com a comunidade aqui presente, queremos testemunhar que estes catequizandos adquiriram os primeiros ensinamentos de Jesus e têm o desejo de continuar a preparação para a comunhão eucarística e alimentar-se dela. São os primeiros passos na caminhada da fé. Apoiados pelos pais, padrinhos e por toda a comunidade aqui presente, continuam a aprofundar o conhecimento e a vivência da fé.

- Todos em pé.

Padre ou Ministro: Queridos catequizandos, vocês foram batizados em nome da Santíssima Trindade: Pai, Filho e Espírito Santo. No dia do batismo, vocês entraram para a comunidade de Jesus, tornaram-se templo do Espírito e membros da Igreja. Até agora vocês foram educados na fé pelos seus pais. Vocês querem renovar as promessas do batismo?

(Ao responder, ergam as velas, e a comunidade estende a mão para o círio pascal. Fazer o que segue ou rezar juntos com voz forte e pausadamente o Credo.)

Catequizandos: Sim, eu quero. (Cada um responde por si e em primeira pessoa.)

Padre ou Ministro: Vocês querem ser amigos de Jesus em todos os dias da vida?

Catequizandos: Sim, eu quero.

Padre ou Ministro: Vocês prometem sempre querer fazer o bem e evitar o mal?

Catequizandos: Sim, eu prometo.

Padre ou Ministro: Vocês prometem seguir sempre o ensinamento de Jesus e continuar firmes no Caminho de Iniciação Cristã?

Catequizandos: Sim, eu prometo.

(Podem continuar respondendo "sim, eu creio" ou cantar juntos o refrão: Creio, Senhor, mas aumentai a minha fé).

Padre ou Ministro: Vocês creem em Deus Pai, todo-poderoso, criador do Céu e da Terra?

Catequizandos: Sim, eu creio.

Padre ou Ministro: Vocês creem em Jesus Cristo, seu único Filho, nosso Senhor, que nasceu da Virgem Maria, padeceu e foi sepultado, ressuscitou dos mortos e subiu ao céu?

Catequizandos: Sim, eu creio.

Padre ou Ministro: Creem no Espírito Santo, na santa Igreja Católica, na comunhão dos santos, na remissão dos pecados, na ressurreição dos mortos e na vida eterna?

Catequizandos: Sim, eu creio.

Esta é a fé que recebemos do batismo e que na Igreja professamos. Continuem firmes na fé e no seguimento de Jesus. Amém!

(Obs.: Os pais ou padrinhos entregam para seu filho/afilhado a oração do Credo – com um abraço. Toda a comunidade os saúda com uma salva de palmas.)

17º Encontro

A comunidade testemunha o Ressuscitado

Preparando o encontro

Os discípulos, tristes e decepcionados, permaneceram reunidos. Esse gesto os manteve ligados a Jesus, mesmo morto na cruz. Dois deles, porém, voltaram para casa, desacreditando de tudo o que Jesus ensinara e prometera. Mas Jesus foi atrás deles e os fez retornar ao convívio dos outros. Jesus ressuscitado se manifesta, vivo e verdadeiro, em nossas comunidades.

Objetivo: Aprofundar a certeza de que todo batizado é chamado a reconhecer Jesus e a ser seu discípulo na comunidade cristã.

Preparação do ambiente: Para este encontro, sugere-se organizar o ambiente escolhendo uma das três possibilidades:

- Preparar um pão, nas proporções do grupo, numa mesa com toalha.
- Providenciar pão de vários tipos: doce, salgado, pão macio, pão duro, pão ázimo (sem fermento). Ao fazer esta opção, sugere-se explicar o significado de cada tipo de pão.
- Fazer juntos o pão, depois assá-lo e fazer a partilha. Para isso é preciso providenciar todos os ingredientes: farinha, sal, açúcar, água, fermento, bacia, podendo inclusive solicitá-los aos catequizandos antecipadamente.
- Uma vela acesa e um pequeno cartaz de Jesus partindo o pão. Espigas de trigo, uns galhos verdes.

- Se for escolhida a segunda opção, explicar o significado de cada tipo de pão:
  - Pão de sal – Lembramos, com este pão de sal, todos os operários, funcionários de firmas que lutam para sustentar a família.
  - Pão doce – Recordamos todas as mulheres, as mães, as catequistas, as mulheres da nossa comunidade, os sinais de vida, alegria, ternura e doação.
  - Pão de milho – Lembramos os colonos, os trabalhadores rurais, as mulheres e jovens do campo, que trabalham de sol a sol, para que não falte o pão de cada dia nas nossas casas.
  - Pão duro – Recordamos o pão duro, simbolizando as pessoas que não sabem partilhar (nem pão, nem agasalho, nem brinquedos etc.).
  - Pão ázimo (sem fermento) ou hóstias – Este é o pão escolhido por Jesus como sinal da sua presença no meio de nós. Na missa, o pão torna-se o Corpo de Jesus Cristo, sinal e garantia da sua presença.

1. MOMENTO DE ACOLHIDA E ORAÇÃO

- Receber os catequizandos, dizendo: "Sintam-se bem-vindos para este encontro. Acolhemos a todos na alegria e na paz de Jesus. Obrigado, Jesus porque você disse: 'Eu sou o pão vivo que desci do céu'. Quem comer deste pão viverá para sempre, pois o pão que eu darei é para que o mundo tenha vida verdadeira".
- Convidar a cantar: *O pão da vida, a comunhão*.
- Iniciando a conversa:
  - Orientar os catequizandos de acordo com a opção escolhida. Se possível, fazer uma procissão em que alguns catequizandos entram com os pães/ingredientes cantando a música indicada anteriormente.

2. JESUS VERDADE! AJUDA-ME A CONHECER A TUA PALAVRA

- Leitura do texto bíblico: Lc 24,13-35.

- Retomar o texto lido e solicitar aos catequizandos para juntos refletir e partilhar:
  - Como é chamado o povoado a que os dois discípulos estavam indo?
  - Qual era o assunto da conversa dos dois?
  - Quem se aproximou deles para saber sobre sua preocupação?
  - O que o discípulo Cléofas respondeu àquele que se aproximou deles?
  - Há quantos dias havia acontecido a crucificação do Amigo?
  - Qual foi o susto que as mulheres deram e o que foi que elas disseram?
  - Depois que ouviram o relato das mulheres, o que os discípulos decidiram?
  - Em que momento se abriram os olhos dos discípulos? E o que disseram, recordando o caminho feito?

Para reflexão do catequista

Cléofas e o outro, como o texto comenta Lc 24,13-35, eram discípulos de Jesus. Com os últimos fatos acontecidos em Jerusalém, abandonam o grupo que se encontra reunido e decidem voltar para Emaús. Caminham entristecidos. Seu estado de ânimo, após a crucificação de Jesus, é de tristeza, desolação e desesperança. Sua fé em Jesus apagou-se. Já não esperam nada Dele. Aparentemente, dispõem de tudo quando poderia levá-los à fé em Jesus Cristo. Eles conhecem as Escrituras, conviveram com Jesus, ouviram sua mensagem, participaram de sua vida pública, ouviram o anúncio pascal das mulheres, que afirmaram que Jesus "está vivo", e seus companheiros confirmam que o sepulcro está vazio. Tudo passa a ser inútil. Sua fé não consegue reconhecer que Ele está vivo em suas vidas por mais que Jesus houvesse anunciado e preparado seus corações. Tudo havia acabado para eles. Não havia alternativa de voltar para casa.

Com certeza caminhavam conversando entre eles o episódio e lembrando a experiência vivida junto a Ele. No momento, o importante era livrar-se do poder romano, das estruturas, dos conflitos sociais e econômicos. Agora que seria o rei, onde estaria o Messias tão esperado? A necessidade era humana e social. Enquanto caminham, o Ressuscitado "se aproxima", faz-se presente em sua conversa e se põe a andar com eles. Jesus os convida a recordar "o que aconteceu". Jesus retoma os fatos da história da salvação e os faz reavivar sua memória e relembrar tudo. Falam ao desconhecido sobre "Jesus de Nazaré". Declaram os feitos do profeta poderoso em obras e em palavras diante de Deus e de todo o povo, e que os dirigentes religiosos O crucificaram. Depositaram a esperança de que seria Ele que libertaria Israel, mas sua execução acabou com todas as expectativas. As notícias de que Jesus está vivo nem sequer os moveram. Sua cegueira era grande. O olhar estava focado nos acontecimentos vividos nos últimos dias. Estar vivo seria utopia.

A presença do peregrino vai despertando neles a esperança. Os gestos, os ritos, as palavras fazem arder o coração. A partilha da Palavra e do pão não apenas faz arder o coração, mas faz com que os olhos percebam que realmente era Ele que caminhava ao seu lado. O pão abençoado e partilhado os remete para o anúncio da vida nova Nele.

O caminho com Cristo ressuscitado faz o coração se inflamar. Ler a Palavra é descobrir o sentido profundo de suas palavras e seus gestos. Reconhecê-Lo é anunciar a sua ressurreição. A experiência da ceia eucarística renova a presença do Senhor ressuscitado que alimenta o povo de Deus, ainda a caminho. A experiência de sentir-se alimentados por Ele transforma a vida, refaz as esperanças que haviam sido depositadas em Jesus. Retornar à comunidade dos discípulos e contar como tudo aconteceu é reavivar a força das comunidades, na escuta das experiências privilegiadas da Palavra e da Eucaristia.

Jesus continua percorrendo o caminho das histórias humanas e das comunidades. A Palestina, Jerusalém, Emaús são os povoados de hoje. Mudaram as características e as atitudes, com outros nomes e detalhes. A descrição do caminho de Emaús é rica de oportunidades evangelizadoras como são as realidades hoje. Os discípulos tinham vivido e acompanhado Jesus por toda a Palestina. Hoje acompanhamos Jesus em nossos caminhos do jeito que somos, conversamos sobre Ele, de seus projetos, Ele se aproxima, sem ser percebido, e começa a caminhar com eles. A iniciativa é de Jesus. Ele não interrompe o assunto. A atitude de Jesus é caminhar, escutar e descobrir o que preocupa. Porém, por mais experiência que tenhamos com Ele, as escutas nem sempre são atentas. As preocupações nos invadem, as angústias e medos fecham os olhos à história e fé que vivemos. Somos discípulos missionários na ação evangelizadora. Cabe-nos reconhecer Jesus e seu projeto em toda a caminhada, deixar arder o coração, abrir o olhos às realidades e anuncia-Lo com coragem e ousadia.

Documentos da Igreja para reflexão do catequista

"A vida em comunidade é essencial à vocação cristã. O discipulado e a missão sempre supõem o pertencimento a uma comunidade. Deus não quis nos salvar isoladamente, mas formando um povo. Este é um aspecto que distingue a experiência da vocação cristã de um simples sentimento religioso individual. Por isso, a experiência de fé é sempre vivida em uma igreja local" (Documento de Aparecida, 164). Não é possível ser missionário sem pertencer a uma comunidade. Nossa cultura atual tem uma tendência de privilegiar buscas espirituais individualistas. Para nós, cristãos, a fé em Jesus Cristo nos vem e é vivida numa comunidade. A fé nos liberta do isolamento e nos conduz a uma vida em comunidade (cf. Documento de Aparecida, 56).

3. JESUS CAMINHO! ABRE MEU CORAÇÃO PARA ACOLHER A TUA VONTADE

- Organizar o grupo para encenar essa passagem. Combinar com os catequizandos quem vai fazer o papel de Jesus e o dos dois discípulos. Quem vai escolher o lugar, a casa para Jesus jantar quando chegam a Emaús. Quem vai ser o animador, quem vai escolher a música de fundo, para tocar baixinho enquanto o grupo faz a encenação.

- Após a encenação, organizar pequenos grupos para que os catequizandos conversem sobre:
    - Os amigos que cada um tem.
    - Gostaria que Jesus participasse, pessoalmente, dos assuntos que conversa com seus amigos?
    - Como Jesus atuou com os dois discípulos que estavam desorientados e tristes?
    - Qual foi a surpresa dos discípulos quando seus olhos se abriram?

Canto: escolher um que seja adequado para o momento.

4. JESUS VIDA! FORTALECE A MINHA VONTADE PARA VIVER A TUA PALAVRA

- Orientar para rezarem individualmente, em silêncio. Depois, solicitar para que escrevam sua oração pessoal.
- Motivar a rezar juntos:

    Oração: *Jesus vida, que o alimento da Eucaristia que Tu nos ofereces, ajude-nos a reconhecer-Te nos pequenos e grandes gestos de solidariedade.*

5. COMPROMISSO

- Que compromisso vamos assumir nesta semana?
    - Contar para um colega a encenação feita no encontro de catequese.
    - Contar para aos pais como foi a encenação e que tarefa assumiu.
    - Os discípulos de Emaús saíram a anunciar a boa notícia aos outros discípulos: que boa notícia vamos anunciar nesta semana? Para quem?

6. AVALIAÇÃO DO CATEQUISTA

Durante a semana, avaliar o encontro. Anotar os pontos fortes. Como se sentiu? Os objetivos foram alcançados? Quais foram as dificuldades encontradas?

18º Encontro

Os Sacramentos: sinais da vida de Deus em nós

Preparando o encontro

Um caminho certo que leva para a verdadeira felicidade é a participação nos Sacramentos. Por meio deles, entramos na intimidade de Deus e encontramos sentido para a nossa vida diária. Os Sacramentos, realizados na comunidade, são sinais da presença de Deus entre nós. A palavra Sacramento significa sinal. Sinal do amor que Deus tem por todos nós. Ele nos criou à sua imagem e semelhança. O grande sinal do Pai realizou-se em Jesus Cristo. Por sua vez, Jesus Cristo revela o amor do Pai e nos ensina a amar como Ele amou. A unidade, diversidade e solidariedade caracterizam a comunidade cristã. Pelos Sacramentos formamos o corpo de Cristo. Os Sacramentos são a presença de Deus na vida de cada um e no Povo de Deus. São os Sacramentos em nossa vida e nossa vida nos Sacramentos.

Objetivo: Conhecer os Sacramentos como sinais da presença de Deus na Igreja e na vida humana.

Preparação do ambiente: Colocar, no centro da sala do encontro de catequese (no chão), vários sinais: alianças, jarra com água, um vidrinho com óleo, uma bacia, uma figura de Jesus, pão, vinho, vela acesa, cruz, certidão de batismo, flores e objetos de estimação que os catequizandos trouxerem.

1. MOMENTO DE ACOLHIDA E ORAÇÃO

- Dar as boas-vindas aos catequizandos. Conversar sobre a semana que passou e destacar algum acontecimento importante vivido.

- Iniciar com o sinal da cruz e rezar juntos:

    Jesus, nós Vos agradecemos porque sois o Sacramento do amor de Deus Pai para nós. Ajudai-nos a sermos fiéis e perseverantes. Ensinai-nos a amar do jeito que amastes, sem fazer distinção entre as pessoas. Jesus, queremos sentir, em nossa vida, a vossa presença que nos acolhe e nos ama.

- Perguntar: Que gesto conseguimos fazer na semana que passou, mesmo pequeno, mas que se tornou um grande gesto?
- Canto: adequado ao tema e momento.

2. JESUS VERDADE! AJUDA-ME A CONHECER A TUA PALAVRA

- Leitura do texto bíblico: 1 Cor 12,12-31.
- Reler o texto destacando as expressões fortes do texto.
- Para refletir e partilhar:
    - Identificar a relação do corpo de Cristo com os membros que o texto expressa.
    - Como Paulo descreve a necessidade da unidade na diversidade?
    - Como se trata dos membros mais frágeis, segundo São Paulo?
    - As pessoas são diferentes entre si, no entanto, cada uma contribui para o crescimento e todos. Como o texto explica esta afirmação?

Para reflexão do catequista

Todos os cristãos, para o apóstolo Paulo, participam da experiência de ser lançados no corpo de Cristo pela ação do Espírito Santo de Deus. A salvação é o passo inicial quando o Espírito Santo entra na vida do cristão e o torna Igreja de Jesus e se identifica com Cristo ressuscitado. A imagem da Igreja como "corpo" é usada para ilustrar e ressaltar certas características da relação que existe entre o Povo de Deus. A unidade na diversidade que existe entre os cristãos convoca para a dimensão de pertença à Igreja. Assim como o corpo tem diferentes partes, o grupo que pertence a Deus é composto de muitos tipos de pessoas de diferentes personalidades, capacidades, níveis de maturidade espiritual, formação.

A diversidade entre o povo de Deus ajuda a fortalecer o corpo através de seu trabalho complementar, porque todo o Povo de Deus está ligado um ao outro e são dependentes uns dos outros.

Paulo mostra que todos são necessários na Igreja. Cada membro da Igreja tem uma função a desempenhar. Na igreja de Corínto a realidade demonstrava divisões e menosprezo ao trabalho dos mais simples. Por isso, Paulo exorta de que todos são necessários, sem importar qual serviço desempenham. Todos precisam ser valorizados uns pelos outros. As línguas não são uma evidência de que alguém tem o Espírito Santo, nem todos falavam em línguas naquela Igreja e é assim na história. O que Paulo deseja é que cada um reconheça a função do outro.

Os dons da sabedoria, da ciência, da fé, o dom das curas, de fazer milagres, da profecia, do discernimento, de falar em línguas e interpretá-las devem estar a serviço das pessoas, da comunidade cristã, do mundo e da salvação do planeta.

Há duas forças no ser humano: a vida do pecado e a da graça. A graça é o dom de Deus, por pertencer a Jesus Cristo. É a seiva da graça que circula: "Nós somos os ramos, Cristo é o tronco" (Jo 15, 4-5). Os Sacramentos permitem que a graça unifique os corações e as ações movidas pelo Espírito do Senhor. A vivência dos Sacramentos na Igreja une os cristãos no compromisso com os irmãos.

Para compreender melhor

Os sinais possibilitam conhecer ou reconhecer o que está por traz dele. Essa é uma das missões da nossa fé: descobrir os diversos sinais que falam de Deus no mundo, da sua presença nas pessoas, na vida comunitária e nos momentos importantes da nossa vida.

a) A criação é o primeiro sinal, através do qual Deus se revelou aos homens e onde Ele marca sua presença de amor. A imagem principal na qual Deus se manifesta é a criação do homem, "criado à imagem e semelhança de Deus" (Gn 1,26s).

b) O sinal da cruz é um gesto cristão que se faz com a mão direita aberta, traçado em forma de cruz, na testa, nos ombros e no peito, pronunciando as palavras: "Em nome do Pai, do Filho e do Espírito Santo". Esse sinal, que costumamos fazer quando iniciamos encontros de catequese, participamos de celebrações, de reuniões dos católicos, antes e depois das refeições, antes de levantar e ao deitar à noite, é sinal da Trindade em cada um de nós.

c) Os Sacramentos que recebemos são os sinais da presença de Deus Pai, Deus Filho e Deus Espírito Santo na vida do cristão. Com eles, recebemos a graça de Deus, da fé para fortalecer a vida e perseverar no bem, caminhando na compaixão.

O **Batismo** é o primeiro Sacramento que recebemos. Por esse Sacramento, começamos a fazer parte da Igreja. Ao nascer, a pessoa recebe a vocação humana; no batismo, recebe a vocação de ser cristã, seguidora de Jesus, discípula e missionária. No batismo, usamos os seguintes sinais: água, vela, óleo e uma veste branca.

A **Confirmação** ou **Crisma** é o Sacramento que torna visível o dom do Espírito Santo. É também o Sacramento da comunhão com toda a Igreja. Com ele, toda a Igreja cresce na comunhão e se santifica. O sinal deste Sacramento é o óleo do Crisma, consagrado pelo bispo na Quinta-feira da Paixão.

A **Eucaristia** é o alimento do povo que caminha sob as luzes do Espírito Santo. A palavra EUCARISTIA quer dizer ação de graças. É dizer "muito obrigado!".

É o agradecimento que a Igreja, a comunidade cristã, dirige a Deus, pois Jesus se tornou para nós alimento de vida eterna. Os sinais do Sacramento da Eucaristia são o pão e o vinho, fruto da terra e do trabalho das pessoas.

Reconciliação ou **Confissão**. O Sacramento da Reconciliação foi criado pelo próprio Jesus. Ele confiou à Igreja, nascida do Espírito Santo, o encargo de perdoar ou não os pecados da humanidade. Ele disse a Pedro, o chefe dos apóstolos: "Eu lhe darei as chaves do Reino do Céu.

O que você ligar na Terra será ligado no Céu, e o que você desligar na Terra será desligado no Céu" (Mt 16,19). O sinal deste Sacramento, após o exame de consciência e a acusação dos pecados é a absolvição (perdão dos pecados). O padre pronuncia as seguintes palavras: "Eu te absolvo dos teus pecados, em nome do Pai, do Filho e do Espírito Santo".

O Sacramento da **Unção dos Enfermos** é um dos sete Sacramentos instituídos por Jesus Cristo. Não é um Sacramento mágico. Pouco adianta ao doente aquele gesto, se ele não acredita, não tem fé. Todos os Sacramentos exigem sempre uma atitude de fé por parte de quem o recebe e por parte de toda a comunidade. Só assim é que os Sacramentos se tornam presença de Deus na vida da pessoa e da Igreja. O sinal é o óleo dos enfermos, abençoado pelo bispo na Quinta-feira da Paixão.

O Sacramento da **Ordem** é a ordenação do padre. O padre é chamado para servir ao Reino de Deus; abandona tudo para seguir o seu Senhor, o Bom Pastor. O sinal dessa entrega total é o celibato (deixar de formar uma família), dom do próprio Cristo, sinal de uma generosa, livre e dedicada vida ao serviço das pessoas. A missão do padre é evangelizar. Animado pelo testemunho de Jesus, não cala diante das injustiças e das ameaças contra a vida, sobretudo dos pobres e indefesos. O sinal deste Sacramento é o óleo. O bispo unge as mãos como sinal de consagração e de escolha.

O Sacramento do **Matrimônio** é o Sacramento da comunhão. O gesto de uma mulher e de um homem se doarem no amor e formarem família é sinal de Deus para com a humanidade. Um dos temas centrais da Bíblia é o da ALIANÇA, ou seja, o contrato de amor que Deus quis assinar com um povo e com toda a humanidade através de Jesus Cristo. O sinal do amor mútuo entre marido e mulher é o das alianças. A aliança que usam na mão é sinal de fidelidade e de pertença um ao outro. O casal que é fiel a seu compromisso assumido está sendo fiel ao Criador.

> **Documentos da Igreja para a reflexão do catequista**
>
> O Catecismo nos diz que a celebração de cada um dos sete Sacramentos é cheia de símbolos. Esse é o modo como Deus se comunica conosco, desde o Primeiro Testamento. Assim, por meio dos símbolos, ligados à nossa vida e à nossa cultura, podemos nos comunicar com Deus. Deus utiliza desses meios bem humanos para nos dar a sua graça (Catecismo da Igreja Católica, 1.145). Como os documentos definem os Sacramentos? Os Sacramentos são sinais e ritos que Cristo quis entregar à sua Igreja, para, por meio deles, dar-nos a graça divina de que necessitamos. Os sacramentos produzem frutos nos cristãos que os celebram com a devida preparação, conforme a Igreja orienta (cf. Catecismo da Igreja Católica, 1.131).

3. JESUS CAMINHO! ABRE MEU CORAÇÃO PARA ACOLHER A TUA VONTADE

- Conversar sobre os serviços que as pessoas realizam na comunidade. Depois, incentivar a responder as questões em seu caderno:
    - Já descobriu os dons que você recebeu de Deus? (

      Deixar um tempo para que cada um aponte os dons que reconhece em si e no colega.)
    - O que diz para mim esse texto bíblico e toda a realidade dos Sacramentos?
    - Como posso servir na comunidade?
    - Quais os Sacramentos que já recebi?
    - Diante de todos esses chamados que Deus faz para as pessoas, você já pensou em seguir algum deles? Qual?

4. JESUS VIDA! FORTALECE A MINHA VONTADE PARA VIVER A TUA PALAVRA

Canto: *Um dia escutei teu chamado.*

- Orientar para que, diante dos símbolos que estão à frente dos catequizando, façam silêncio. Cada um reze e escolha um dos símbolos que mais o inspira e faça sua oração pessoal.

- Depois de um tempo, deixar que cada um diga o que rezou a partir do símbolo que escolheu.
- Comentar: para cada momento importante da vida, Jesus quis abençoar e santificar com a força e a graça de um Sacramento. Vamos recordar os momentos importantes da vida: do nascimento à adolescência com os Sacramentos de Iniciação Cristã: Batismo, Eucaristia e Crisma; na juventude: Matrimônio, Sacerdócio; Confissão, sempre; e na doença, no sofrimento, na dor física, Unção dos Enfermos. Hoje há a preparação na Iniciação Cristã, também para adultos.
- Rezar uma Ave-Maria para que cada pessoa seja fiel aos dons que recebeu, à vocação e ao convite de Deus para segui-Lo.

5. COMPROMISSO

- Nós fomos chamados à vida e ao batismo. Que compromisso vamos assumir nesta semana?
- Procure, entre as pessoas, fazer uma pesquisa. Que Sacramentos já receberam? Quais ainda não receberam? O que cada um significa para a pessoa?

6. AVALIAÇÃO DO CATEQUISTA

Durante a semana, avaliar o encontro. Anotar os pontos fortes. Como se sentiu? Os objetivos foram alcançados? Quais foram as dificuldades encontradas?

Sacramento da Reconciliação com o amor de Deus e dos irmãos

19º Encontro

Preparando o encontro

Deus sempre se aproxima e nos abraça com o seu amor. Essa certeza da presença de Deus em nossa vida nos faz sentir alegria e felicidade em estar junto com nossos irmãos e irmãs. Pedir perdão é acreditar no perdão. Quem acredita no perdão sente a bondade infinita de Deus. Quem ama, perdoa e sente a alegria da reconciliação.

Objetivo: Sentir o perdão misericordioso de Deus na vida pessoal, comunitária e social.

Preparação do ambiente: Bíblia, vela, cruz, água e um frasco ou recipiente com perfume.

1. MOMENTO DE ACOLHIDA E ORAÇÃO

- Acolher cada catequizando com alegria. Favorecer para que todos possam sentir-se bem.
- Acender a vela e cantar juntos várias vezes o refrão de um canto que expresse a confiança no Senhor.
- Orientar para colocar a mão na água e traçar sobre si o sinal da cruz. Em Nome do Pai, do Filho e do Espírito Santo.
- Motivar a rezar juntos:

Ó, Deus de misericórdia, nós Vos louvamos e agradecemos, porque sois nosso pai e nosso amigo. Lembramos a ternura do vosso amor. Com vossa graça, de Vós tudo recebemos. Queremos viver no vosso amor e em comunhão entre nós. Confiamos no vosso amor e no vosso perdão. Ajudai-nos, Senhor. Amém!

2. JESUS VERDADE! AJUDA-ME A CONHECER A TUA PALAVRA

- Canto de aclamação: *Louvor e glória ti Senhor*.
- Leitura do texto bíblico: Lc 7, 36-50.
- Ler mais uma vez, de maneira dialogada: distribuir entre os catequizandos quem faz cada personagem e um faz o narrador.
- Se for preciso, que cada um leia mais uma vez, individualmente.
- Solicitar aos catequizandos para refletir e partilhar:
  - Quais são os personagens que estão em ação no texto? Qual a ação que cada um realiza?
  - Qual foi a frase que mais chamou a sua atenção?

> **Para reflexão do catequista**
>
> Jesus está na Galileia. Lá Ele iniciou sua missão. Vê e conhece as misérias do ser humano. Sabe dos limites e erros, descobre as falsidades e convida as pessoas para uma vida nova.
>
> Os contemporâneos de Jesus parecem criancinhas pirracentas que batem o pé contra a novidade do Evangelho. Aos invés de chorar com quem chora e rir com os que riem, mostram-se indiferentes. Criticam João Batista e Jesus, desprezam a sabedoria de Deus. Preferem ficar nas suas tradições e formas erradas de viver. São atitudes reprovadas por Cristo.
>
> A atitude de Simão, que se considerava justo, não condiz com um homem bom e misericordioso. A mulher pecadora se aproxima de Jesus, e não de Simão. Acolhe, lava os pés, beija, perfuma. Suas atitudes demonstram acolhimento.
>
> Simão, em seu orgulho, julga e despreza a mulher. É preconceituoso. Jesus, que veio salvar e reconciliar os homens, convida Simão a mudar seu pensamento e suas atitudes. Assim, rever nossos conceitos nos ajuda a adequá-los ao Evangelho de salvação.
>
> A mulher, em sua humildade, que esperava compreensão da parte de Jesus, recebe o perdão e é salva. Ela pode sair daquela casa em

paz, pois acolheu o Messias. Provou em sua vida o perdão renovador que Jesus lhe ofereceu.

Como vou sair deste encontro? Com quem devo me reconciliar? O que devo mudar em meu modo de pensar para não ser como Simão?

Missão: Reconciliar-se com a pessoa com quem, por acaso, tenha se desentendido, para viver a unidade da Eucaristia.

Documentos da Igreja para reflexão do catequista

A nova vida que recebemos de Deus pelo nosso batismo e pela Iniciação Cristã não nos livra das fragilidades e fraquezas humanas. Continuamos com inclinação para o pecado. Em toda nossa vida, precisamos "da conversão para chegar à santidade e à vida eterna" (Catecismo da Igreja Católica, 1.426). Daí a necessidade do Sacramento da Misericórdia de Deus: "O perdão dos pecados cometidos após o Batismo é concedido por um sacramento próprio chamado Sacramento da Conversão, da Confissão, da Penitência ou da Reconciliação" (Catecismo da Igreja Católica, 1.486). As palavras do rito da absolvição falam do perdão e da misericórdia: "Deus, Pai de misericórdia, que, pela Morte e Ressurreição de seu Filho, reconciliou o mundo consigo e enviou o Espírito Santo para a remissão dos pecados, conceda-te, pelo ministério da Igreja, o perdão e a paz. E eu te absolvo dos teus pecados, em nome do Pai e do Filho e do Espírito Santo" (cf. Catecismo da Igreja Católica, números:1226;1486).

3. JESUS CAMINHO! ABRE MEU CORAÇÃO PARA ACOLHER A TUA VONTADE

- Deixar falar: Qual é o confronto da Palavra de Deus com a nossa vida?
- Solicitar que os catequizandos escrevam em seu caderno:
    - O que essa Palavra nos diz? Que atitudes me convida a ter?
    - Quem nós excluímos? Quem são os julgados pela sociedade, ou pela Igreja? Qual é a conversão que Jesus nos pede, agora que estamos próximos à Comunhão Eucarística?

- Orientar para conversar sobre as respostas.
- Comentar e convidar a ler em seus cadernos:
    - Para receber o Sacramento da Penitência, são exigidos alguns passos:
        - Examinar a consciência: olhar para nós mesmos e nossos atos.
        - O que fizemos que não está de acordo com o desejo de Deus? Quem ofendemos? O que deixamos de fazer?
    - Arrepender-se: ter vontade e desejo de não voltar a fazer o mal.
    - Confessar os pecados ao sacerdote, que, em nome de Deus, acolhe, ouve, orienta e perdoa.
    - Penitência: acolher e cumprir o que o sacerdote nos orienta. Realizar ações que ajudam a reparar o mal.
    - É sempre bom lembrar que confessar é muito mais do que contar pecados; confessar é querer mudar de vida, viver na comunidade cristã, é ser "luz" que supera as trevas.

4. JESUS VIDA! FORTALECE A MINHA VONTADE PARA VIVER A TUA PALAVRA

- Motivar:
    - Diante dos símbolos que estão à nossa frente, fazer silêncio. Olhar para nossa vida e, confiantes na misericórdia de Deus, fazer nossa oração pessoal. Depois, escrever no caderno.
- Conduzir a partilha da oração que cada um fez e convidar a rezar juntos, seguindo os momentos:
    - Ato de Contrição (uma pessoa ergue a cruz e todos colocam a mão direita sobre a cruz e rezam):

    Senhor, eu me arrependo sinceramente de todo o mal que eu pratiquei e do bem que deixei de fazer. Pecando, eu Vos ofendi, meu Deus e sumo bem, digno de ser amado sobre todas as coisas. Prometo firmemente, ajudado com a vossa graça, a fazer penitência e fugir das ocasiões de pecar. Amém!

- Rezar juntos o Salmo 111 da Bíblia em dois grupos.

- Convidar os catequizando a se colocarem de pé e eleger um deles para ficar com o frasco de perfume e o erguer no meio do grupo. Todos rezam:

Oração: *Ó, Deus, Pai cheio de carinho e de bondade, que nos revelastes vosso amor em Jesus, o Filho amado. Vós que amais e perdoais a mulher pecadora, ajudai-nos a amar, a perdoar e a acolher as pessoas com o mesmo carinho e ternura. Nossa caridade fraterna seja para eles o perfume da alegria. Nós Vos pedimos em nome de Jesus, nosso Senhor. Amém!*

- Gesto: o catequista unge com perfume cada catequizando e lhe dá um abraço.
- No fim, cada um se abraça com um carinho fraterno.

5. COMPROMISSO

- Nesta semana, vamos procurar ter gestos de acolhida para com as pessoas. Cuidar para não discriminar ninguém. Buscar a reconciliação com as pessoas, com os pais e com os colegas.
- Preparar-se para a celebração de reconciliação.

Lembrete:

Trazer para a celebração da reconciliação algo para ser partilhado como festa do reencontro.

6. AVALIAÇÃO DO CATEQUISTA

Durante a semana, avaliar o encontro. Anotar os pontos fortes. Como se sentiu? Os objetivos foram alcançados? Quais foram as dificuldades encontradas?

Celebração do Sacramento da Reconciliação

A preparação para a confissão é um momento importante na vida do catequizando. É fundamental que seja bem preparada.

A celebração penitencial se apresenta à comunidade cristã como um sinal de renovação da aliança com Deus. O centro da celebração, mais que os pecados, são a graça e a misericórdia de Deus. Há várias maneiras de fazer a celebração da reconciliação. Indicaremos, aqui, uma sugestão. Lembramos que essa não precisa ser feita na véspera do Sacramento. Deve-se escolher uma data para ser feita com tempo, sem pressa e na gratuidade.

Ambientação: Escolher uma sala com pouca luz, onde os catequizandos possam ficar em círculo. No centro, colocar os símbolos: cruz, água, vela acesa. Pode haver palavras: misericórdia, perdão, reconciliação, ternura, amor, festa, alegria etc.

1. ACOLHIDA

- Acolher bem o grupo e introduzi-lo na sala, em clima de oração e silêncio.

2. CANTO: *Onde reina o amor, fraterno amor, onde reina o amor, Deus aí está.*

O Senhor esteja com vocês...

Animador: Celebremos a misericórdia de Deus, que sempre renova a nossa vida! Sua paz e sua graça estejam com todos vocês.

Oração: *Deus e Pai-Nosso, que nos escolhestes para sermos vossos filhos e filhas, santos em vossa presença, e felizes em vossa casa. Aceitai o nosso pedido de perdão. Reconciliai-nos convosco, neste dia em que nos preparamos para* receber o Sacramento da Eucaristia. Fazei que vivamos cheios de caridade e alegria. Dai-nos o vosso amor a cada dia da nossa vida, como vossos discípulos e discípulas amados. Por Cristo, nosso Senhor. Amém!

- O catequista convida para ir ao centro da sala e olhar para os símbolos. Cada um, em silêncio, pensa o que os símbolos falam. (Todos rezam em silêncio.)

3. LITURGIA DA PALAVRA

- Ler bem e com voz clara o texto bíblico: Jo 20,22-23.
- Deixar cada um recontar o texto.
- O que esse texto diz para mim? Qual é a lição para a minha vida?
- Cada um olhe para sua vida: o que devo mudar? O que a Palavra de Deus me pede? O que sinto vontade de dizer para Deus?
- Olhando para os símbolos, convidar os catequizandos para fazerem algum gesto, motivado pela Palavra.
- Rezar ou cantar algum salmo que ajude a interiorizar a Palavra. Sugestão: Salmo 51 ou 23.

4. RITO SACRAMENTAL

- Cada um faz a confissão individual, aos poucos; os demais continuam rezando.
- Ao voltar da confissão, como gesto de vida nova e de renovação da aliança, tocar na água.
- O catequista poderá acolher cada catequizando ao voltar da confissão com um abraço. Pode ser entregue uma mensagem como lembrança da primeira confissão sacramental.

5. AÇÃO DE GRAÇAS

- Agradecidos a Deus pelo seu amor, pela sua misericórdia para conosco, demos graças a Deus. Pode-se cantar um salmo de ação de graças: "Em coro a Deus louvemos" (Sl 135).

(Preparar o texto para que os catequizandos tenham em mãos.)

- Oração do Pai-Nosso.

Abraço da paz: Renovados pela misericórdia de Deus, sejamos um para o outro sinal desse amor que nos faz mais irmãos e amigos. (Dar o abraço da paz.)

- Onde for oportuno, essa celebração pode ser concluída com um momento de festa e confraternização.

Observação: Essa celebração poderá ser feita também com os pais, os catequistas e os catequizandos, e também sem o rito sacramental (com ausência do padre para confessar). Celebrar como um momento forte de reconciliação e da misericórdia de Deus.

A Igreja se alimenta e vive da Eucaristia: Jesus é o "Pão da Vida"

20º Encontro

Preparando o encontro

O centro da vida da Igreja é a Eucaristia. Dois motivos principais nos fazem celebrar a Eucaristia: o primeiro é a força espiritual que a Igreja e todos os cristãos buscam na escuta da Palavra e na comunhão do Corpo e do Sangue do Senhor; o segundo motivo é a experiência da caridade que apreendemos a partir da partilha do Corpo e do Sangue do Senhor.

Objetivo: Entender a Eucaristia como o Sacramento que alimenta a nossa vida de fé no mistério pascal.

Preparação do ambiente: Cadeiras colocadas em forma de círculo, uma mesa no centro com toalha branca, um cestinho com pães, uma jarra com suco de uva, uma vela e a Bíblia. A frase: "Senhor, dá-nos sempre desse pão!".

1. MOMENTO DE ACOLHIDA E ORAÇÃO

- Acolher com alegria cada um e desejar um bom encontro de irmãos e irmãs.
- Comentar: Queridos catequizandos, foi Deus que nos reuniu e é em nome Dele que iniciamos o nosso encontro. Em nome do Pai, do Filho e do Espírito Santo. Amém!
- Explicar: No encontro de hoje, vamos refletir sobre o Sacramento da Eucaristia. Aprofundaremos o estudo sobre qual é o seu sentindo ou o que celebramos na Eucaristia.

- Iniciando a conversa:
    - Nosso tema de hoje é a Eucaristia que alimenta a Igreja. O que entendemos por Eucaristia? (Dar um tempo para conversar.)
- Comentar:

    Para poder crescer, ficar forte, resistir às doenças, precisamos de boa alimentação e água potável. Essa é uma das grandes preocupações de nossos pais. Infelizmente, em nosso país, há uma população enorme que não tem comida suficiente e vive abaixo da média de qualidade de vida. As crianças não se desenvolvem bem, ficam raquíticas e, pelo resto da vida, sofrem muitas doenças.

    Na vida cristã, todos os que seguem Jesus precisam alimentar essa vida nova com ele. A pessoa que recebeu o batismo e que, portanto, se coloca em um novo caminho e dá um sentido para sua vida, precisa ser bem-alimentada. Jesus nos oferece algo extraordinário como alimento. Ele mesmo se dá a nós, em forma de pão, para facilitar nosso crescimento no amor, fortalecendo-nos contra o mal, para sermos inteligentes e corajosos para fazer o bem. Com isso, queremos falar do Sacramento da Eucaristia, que também chamamos missa.

- Perguntar:
    - O que entendemos por Eucaristia?
    - Estamos nos preparando para receber pela primeira vez a comunhão eucarística. O que significa isto?

2. JESUS VERDADE! AJUDA-ME A CONHECER A TUA PALAVRA

- Aclamar a Palavra com o canto adequado ao tema.
- Leitura do texto bíblico: João 6,51-58.
- Convidar cada catequizando a ler novamente individualmente o texto.
- Incentivar a refletir e partilhar:
    - Destacar as expressões que mais chamaram a atenção.
    - Com quem Jesus estava falando?

Para reflexão do catequista

Neste texto, não se pode buscar o sentido, entendendo as palavras como nós as entendemos hoje. Para eles, "carne e sangue" de alguém significava a "vida da pessoa" ou "aquilo que essa pessoa foi". Comer o corpo e o sangue de alguém era o jeito de dizer que "alguém queria ser como esta pessoa". Então, Jesus é o "Pão do Céu", no sentido de ser "Deus presente" entre as pessoas, presente em pessoa como nós "em carne e sangue". Comer e beber do seu Corpo e do seu Sangue significa "viver como Ele viveu", isto é, ser alguém que deu a sua vida (trabalho, palavras, tempo...) para salvar e melhorar a vida dos outros. Comer e beber o Corpo e o Sangue de Cristo significava ser uma pessoa correta e boa como Ele foi. (Os judeus tinham esse jeito de falar.)

Mas esse texto nos ensina também o que é a Eucaristia: comungar no pão, o corpo de Cristo, é estar unido a Cristo para também "dar-se a si mesmo" para o bem dos outros, como Jesus também se doou aos outros. É por isso que a comunhão é o principal ensino sobre o doar-se e sobre o repartir. Quem comunga não pode ter vida indiferente, egoísta e insensível com os problemas dos outros. Na Eucaristia, eu me uno a aquele que só fez o bem a todos. Comungar a vida de Cristo é ser como Ele: ligado às pessoas para fazer o melhor por elas.

Assim também é a festa de Corpus Christi (Corpo de Deus): é uma festa pública para lembrar a todos que somos "carne e sangue". O que devemos ser uns pelos outros é o que Jesus foi para nós.

Conversar em grupo para entender que "fazer comunhão" ou "receber a hóstia" é sinal de que aceitamos ser pessoa que se doa ao bem de todos. A hóstia representa Jesus, que foi só doação e que nos convida a viver como Ele viveu.

Documentos da Igreja para reflexão do catequista

"A Igreja vive da Eucaristia" (João Paulo II, Ecclesia de Eucharistia, 1). O Concílio Vaticano II recordou-nos que a Eucaristia é o ponto mais alto de toda a nossa vida cristã. (Lumen Gentium, 11) Na Eucaristia, manifesta-se tudo em que um cristão crê, vive e espera. Nela está presente Cristo, nossa Páscoa e "Pão Vivo" que dá vida plena (Presbyterorum Ordinis, 5). Por isso, na missa, após a consagração, a assembleia aclama: "Anunciamos, Senhor, a vossa morte e proclamamos a vossa ressurreição. Vinde Senhor Jesus!". As comunidades cristãs não podem viver sem a Eucaristia.

Os cristãos da Abitínia, no ano 304, ao serem perseguidos pelo imperador disseram: "Nós não podemos viver sem celebrar o mistério do Senhor" (Actas de los Mártires, p. 975-994). Santo Ambrósio, no fim do século IV, ensinava sobre a presença de Cristo na Eucaristia: "Antes da consagração é pão: mas logo que se acrescentam as palavras de Cristo, é corpo de Cristo [...]. Antes das palavras de Cristo, o cálice contém vinho e água: mas logo que as palavras de Cristo tenham operado, se faz ali o sangue de Cristo, que redimiu o povo".

3. JESUS CAMINHO! ABRE MEU CORAÇÃO PARA ACOLHER A TUA VONTADE

- Orientar para responder e partilhar com o grupo:
  - O que essa Palavra de Deus diz para cada um de nós, que estamos nos preparando para receber a comunhão eucarística pela primeira vez?
  - Convidar a ler o texto e conversar sobre o que acontece na missa.

O Sacramento da Eucaristia acontece durante a Missa. Na celebração, seguimos vários momentos: nos reunimos e nos acolhemos na fraternidade. Pedimos perdão. Conversamos com Deus. Ouvimos a Palavra de Deus. Oferecemos e oramos ao Pai, junto com Jesus, presente na Eucaristia. Entramos em comunhão, recebendo Jesus no pão e no vinho. Agradecemos e recebemos a bênção do envio para levar Jesus e sua mensagem aos outros. Aprendemos, com isto, que comungar não é apenas receber Jesus na Hóstia consagrada, mas é entrar em comunhão de vida e amor com Ele e com todas as pessoas.

- Comentar: Estamos nos preparando não para fazer a "Primeira Comunhão", mas para entrar juntos em uma vida nova de comunhão, com responsabilidade, união e partilha fraterna. Depois, é claro, podemos comungar quantas vezes quisermos. Ao irmos à missa, participamos da Ceia de Jesus. É preciso continuar aprendendo mais para colocar em prática na vida o que significa receber Jesus na Eucaristia. Em cada missa fazemos a memória das palavras e dos gestos de Jesus.

4. JESUS VIDA! FORTALECE A MINHA VONTADE PARA VIVER A TUA PALAVRA

- Ao redor da mesa com os símbolos, fazer um momento de silêncio contemplativo. Lembrar o que Jesus disse: "Quem come o meu corpo e bebe o meu sangue tem a vida eterna".

Canto: *Na mesa sagrada, se faz unidade.*

- Alguns catequizandos seguram na mão os símbolos. O catequista convida os catequizandos, após fazerem memória das palavras de Jesus, a repetirem a oração.

Oração: *Obrigado, Jesus, pela Ceia da Eucaristia. Quero me preparar bem para participar desta mesa sagrada e receber-Vos na Sagrada Comunhão. Agradeço-Vos pela vossa presença na Eucaristia, por nos alimentares com o vosso próprio Corpo e Sangue. Ajudai a todos os que participam da missa a entenderem bem o significado da Eucaristia e as consequências da comunhão para a vida deles na família, na comunidade e na sociedade. Amém!*

- Fazer a partilha do pão e do suco de uva. (Em silêncio e de forma orante.)

5. COMPROMISSO

- Durante a semana, escrever, no caderno o que mais achou importante sobre o tema Eucaristia.
- Convidar os pais a participarem da Eucaristia na comunidade.
- A tarefa com os pais é prestar atenção às orações, aos cantos, aos gestos e símbolos usados.

6. AVALIAÇÃO DO CATEQUISTA

Durante a semana avaliar o encontro. Anotar os pontos fortes. Como se sentiu? Os objetivos foram alcançados? Quais foram as dificuldades encontradas?

21° Encontro

Celebração Eucarística: a Ceia do Senhor

— Preparando o encontro —

Em memória à Ceia do Senhor, celebramos aspectos fundamentais da fé. Na Eucaristia, Jesus ensina que nada se faz sem amor e sem partilhar a vida com os outros. Intimamente ligada a essa realidade está a atitude de serviço fraterno. "Dei-vos o exemplo para que o façais também"(Jo 13,15). Para Jesus, servir aos outros é um dos gestos mais nobres do coração humano.

Objetivo: Conhecer o sentido da Eucaristia como ceia-refeição em suas várias dimensões.

Preparação do ambiente: Criar um ambiente alegre com flores, cadeiras em círculo ao redor de uma mesa com toalha e uma jarra com suco de uva e um pão.

1. MOMENTO DE ACOLHIDA E ORAÇÃO

- É bom o catequista estar no local com antecedência. Acolher bem cada um dos catequizandos, chamá-los pelo nome.
- Como Jesus preparou a sua ceia, nós também nos preparamos para a grande ceia em nossa vida. Em atitude de silêncio, solicitar para que os catequizandos olhem para os símbolos e partilhem como foi a semana desde o último encontro.
- Iniciar com o sinal da cruz e rezar a oração do Pai-Nosso.
- Mantra: escolher um adequado ao tema.
- Iniciando a conversa:
  - Motivar a perceber que está se aproximando o dia da Primeira Comunhão Eucarística e é importante nesse momento parar e refletir:

- Como estamos nos sentindo?
- Como estamos nos preparando para esse momento importante no Caminho da Iniciação Cristã?
- Estamos entendendo o sentido e a importância que a Eucaristia tem em nossa vida?
- Comentar que neste encontro daremos continuidade à nossa reflexão, estudo e vivência sobre o tema Eucaristia.

2. JESUS VERDADE! AJUDA-ME A CONHECER A TUA PALAVRA

- Orientar: todos em pé, aclamam a Palavra, erguendo a Bíblia e a vela.

Canto: *Tua Palavra é lâmpada para meus pés.*

- Leitura do texto bíblico: Mc 14,12-31.
- Convidar a refletir e partilhar:
    - Motivar a reler, do 13º encontro o Evangelho de Lc 22,1-30.
    - Depois, orientar para identificar quais são as semelhanças com o texto de Marcos que leram neste encontro.

Para reflexão do catequista

Neste texto de Marcos, está contado como Jesus instituiu a Eucaristia na Santa Ceia, com os discípulos e com a comunidade. Só há verdadeira Eucaristia com a comunidade de fé. Importante é notar que Jesus identifica o pão e o vinho com seu Corpo e com seu Sangue. Novamente "corpo e sangue" são sinônimos de "toda a sua vida" dada a todos. O pão e o vinho são sinais de tudo aquilo de que as pessoas precisam (alimento, moradia, carinho, trabalhos etc.) para viver. Na vida, Jesus se esforçou para que o seu Povo e os seus discípulos tivessem o necessário, e eles também dessem sua vida para que outros também tivessem vida. Por isso, Jesus deu o exemplo e contou com o exemplo de sua comunidade. E descobriu que, na sua comunidade, havia alguém contra esse exemplo: Judas! É por isso que ele diz que "pão e vinho" representam sua vida dada pelas pessoas, e que todos os membros de uma comunidade devem viver isso. E Ele não come o pão nem bebe o vinho, mas os dá aos outros. O Sacramento da Eucaristia mostra que aqueles que a celebram são como a vida de Jesus, dedicando-se ao bem dos demais. Essa é a missão dos discípulos ou da comunidade cristã. Todos os Sacramentos sempre indicam uma relação de vida nova para com os outros! Na ceia, Jesus só reclamou de Judas: ele nunca tinha sido solidário com ninguém, por isso, não compreendeu o sentido da ceia. Todos os que comungam formam unidade com Jesus. Portanto, nenhum pode ser egoísta ou viver sem fazer nada de bom para os outros. Assim, a Eucaristia é o Sacramento da doação e da partilha. É um convite para ser pessoa de paz, de vivência solidária, comprometida com a justiça e a vida para todos.

Documentos da Igreja para reflexão do catequista

Ao falar sobre o Sacramento da Eucaristia, João Paulo II nos diz que "a Eucaristia é verdadeiro banquete, onde Cristo se oferece como alimento". O próprio Jesus nos deixou estas palavras: "Pois minha carne é verdadeira comida, e meu sangue é verdadeira bebida" (Jo 6,55) (Ecclesia de Eucharistia, 16). No banquete da Eucaristia, o nosso desejo humano de fraternidade é vivido "a níveis que estão muito acima da mera experiência de um banquete humano" (Ecclesia de Eucharistia, 24). Isso porque "o banquete eucarístico é verdadeiramente banquete 'sagrado', onde, na simplicidade dos sinais, se esconde o abismo da santidade de Deus" (Ecclesia de Eucharistia, 48). Na Eucaristia nos unimos a Cristo e formamos a comunidade, como nos ensina Santo Agostinho: "Nos tornamos o que recebemos". Diz ainda: "Tu ouves: "O corpo de Cristo e respondes: "Amém". Sê um membro do corpo de Cristo, a fim de que teu "amém" seja verdadeiro" (Sermão, 272). Assim, "a Eucaristia cria comunhão e educa para a comunhão" (cf. João Paulo II, Ecclesia de Eucharistia, 40).

3. JESUS CAMINHO! ABRE MEU CORAÇÃO PARA ACOLHER A TUA VONTADE

- Indicar para que os catequizandos respondam, escrevendo em seu caderno:
    - O que essa Palavra de Deus diz para mim? Que ensinamento nos dá?
    - Qual é o convite que essa Palavra faz para cada um de nós e para o mundo de hoje?
    - Quais atitudes e ações concretas Ele nos convida a viver e a assumir?
    - O que vamos fazer para viver melhor a Eucaristia em nossa vida?
- Convidar o grupo para analisar o quadro seguinte:

O que Jesus fez na Última Ceia

» Jesus mandou preparar a sala para celebrar a Páscoa.
» Os discípulos chegaram e encontraram uma grande sala arrumada.
» Jesus disse: "Desejei ardentemente comer com vocês esta refeição, esta Páscoa".
» Jesus fala e explica que aquela seria a última ceia que faria com eles antes de morrer.
» Jesus toma o pão e o vinho em suas mãos.
» Jesus ergue os olhos e dá graças ao Pai.
» Jesus disse: "Isto é meu corpo. Este é o Cálice do meu sangue...".
» Jesus parte o pão.
» Jesus distribui o pão e o vinho aos seus discípulos.

O que nós fazemos na missa

» Nós preparamos a Igreja, o espaço litúrgico para o povo se reunir.
» O povo chega à Igreja e encontra cadeiras ou bancos, mesa da Palavra e mesa do Altar, arrumadas para a oração.
» Somos acolhidos com alegria pelos comentaristas, cantamos, fazemos o sinal da cruz, o padre ou o ministro nos saúda.

- » São proclamadas as leituras, ouvimos e acolhemos a Palavra de Deus. Deus fala ao seu Povo.
- » Depois o padre ou o ministro explica a Palavra. Nós rezamos o Credo professando a nossa fé. Fazemos os pedidos, as preces da comunidade.
- » Preparamos o altar, colocamos o pão, o vinho e as nossas ofertas.
- » O padre faz a oração do "Prefácio", que é o grande louvor a Deus, e nós cantamos o santo.
- » O padre repete as palavras de Jesus e consagra o pão e o vinho que se tornam corpo e sangue de Jesus.
- » O padre parte o pão quando nós rezamos: "Cordeiro de Deus". Chamamos este momento de "fração do pão".
- » O padre e os ministros distribuem o pão consagrado. É o momento da ceia, da comunhão eucarística.

Toda vez que se participa da celebração eucarística, recorda-se o mandato de Jesus: "Fazei isto em memória de mim". Celebrar a Eucaristia é participar da festa, do banquete preparado para os amigos. Na festa, encontramos amigos com os quais conversamos e partilhamos daquilo que acontece. Quem promove a festa se prepara para receber seus convidados e celebra com eles cada passo e momento. A maior alegria é receber e conviver com os seus convidados. A Eucaristia é preparada por Jesus em todos os seus detalhes. O centro das atenções são os discípulos, e o seu desejo é chegar a todos aqueles que acreditam no seu projeto. Ele se entrega totalmente e reserva para a humanidade o seu testamento. A celebração eucarística repete exatamente o mandato de Jesus.

4. JESUS VIDA! FORTALECE A MINHA VONTADE PARA VIVER A TUA PALAVRA

- Convidar para que fiquem todos em pé ao redor da mesa e dos símbolos cantando: *A mesa tão grande e vazia*. (Prover o texto da música.)

- Orientar para que, quando o catequista erguer o pão e o suco, todos estendem a mão e cantem:
    - Refrão: *Deus seja louvado no pão partilhado.*
- Solicitar para que após cada oração, todos respondam: "Obrigado, Senhor!".

Porque quisestes permanecer no meio de nós.

Porque nos alimentais com a Eucaristia.

Porque Jesus quis comer e beber com seus amigos.

Porque a Eucaristia nos ensina lições de amor.

Porque a Eucaristia nos fortalece.

Porque a Eucaristia é alegria, é festa.

Porque a Eucaristia é compromisso com a vida, a igualdade e a fraternidade.

Glória ao Pai, ao Filho e ao Espírito Santo, como era no princípio, agora e sempre. Amém!

5. COMPROMISSO

- Lembrando as lições que a Eucaristia nos dá, cada um escreve no seu caderno um compromisso para fazer nesta semana, para viver o que ela nos ensinou.
- Conversar: Qual é o compromisso que vamos assumir para melhor viver o que aprendemos?
- Partilhar com os pais, em casa, o que você aprendeu no encontro.

6. AVALIAÇÃO DO CATEQUISTA

Durante a semana, avaliar o encontro. Anotar os pontos fortes. Como se sentiu? Os objetivos foram alcançados? Quais foram as dificuldades encontradas?

22º Encontro

Eucaristia: memória da morte e ressurreição de Jesus

Preparando o encontro

A memória da Páscoa, paixão, morte e ressurreição do Senhor é o centro da celebração eucarística. Sempre que celebramos a Missa, fazemos essa memória. Toda nossa fé, todas as nossas devoções e toda nossa caridade só tomam sentido se nos deixarmos penetrar por esse mistério.

Objetivo: Ajudar a compreender a relação da celebração da Eucaristia com a vida, morte e ressurreição de Jesus, e vivê-la como a Páscoa permanente dos cristãos.

Preparação do ambiente: Dispor-se ao redor de uma mesa, toalha de festa, um pão e uma taça com vinho ou suco de uva.

1. MOMENTO DE ACOLHIDA E ORAÇÃO

- Expressar a alegria pela presença de cada um e entregar um coração feito de papel. Iniciar com o sinal da cruz.
- Convidar cada catequizando a partilhar com o catequista e colegas um fato importante que aconteceu na família ou na escola e como viveu o seu compromisso.
- Iniciando a conversa:
  - Vamos recordar o que falamos e fizemos no encontro passado
    (Deixar os catequizandos falarem).
  - Comentar: hoje daremos continuidade ao tema da Eucaristia. No encontro passado vimos que a Eucaristia é ceia, refeição. É comer e beber juntos com o Senhor Jesus. Hoje, aprofundaremos a Eucaristia

como memória da vida, morte e ressurreição de Jesus Cristo. Vamos entender que a Eucaristia é, em primeiro lugar, memorial da morte e ressurreição do Senhor, sob o sinal do pão e do vinho, dados em refeição, em ação de graças e súplica.

2. JESUS VERDADE! AJUDA-ME A CONHECER A TUA PALAVRA

- Leitura do texto bíblico: 1Cor 11, 23-34.
- Convidar para que cada um leia, em silêncio, mais uma vez o texto.
- Orientar a refletir e partilhar:
  - O apóstolo Paulo lembra à comunidade de Corínto a importância da instituição da Eucaristia. Quais são as recomendações que ele faz?

Para reflexão do catequista

O apóstolo Paulo, quando se dirige aos coríntios, retoma o tema sobre a celebração da Ceia do Senhor. Os ensinamentos põem luz sobre a prática da celebração para a atualidade e abrem o entendimento para alguns problemas que ocorrem nas comunidades.

Paulo esclarece que a celebração da ceia é um mandato de Jesus Cristo antes de sua morte, para que fosse celebrada em sua homenagem pelos seus discípulos. Conforme relatam os Evangelhos, na noite da sua traição, Jesus, reunido com os apóstolos, celebrou o que ficou conhecido como a última Páscoa e inaugurou o que conhecemos como a Ceia do Senhor. Ele também afirma que, na noite, Jesus pegou o pão e o partiu entre os presentes e fez o mesmo com o vinho. A partir do momento, todo gesto litúrgico passa a ser a renovação do mistério da paixão, morte e ressurreição de Jesus.

Segundo Paulo, ao celebrar a ceia, os coríntios e todos aqueles que acreditam em Jesus lembram que a morte de Cristo uniu a Deus e uns aos outros. Cada ceia celebrada é a celebração do grande mistério.

São Paulo exorta ao povo da comunidade de Corínto sobre os julgamentos sobre as pessoas que participam da Ceia do Senhor sem discernimento, sem preparação e sem fé. Participar da ceia requer discernimento e atitudes que demonstrem seu reconhecimento da importância da comunidade para sua vida.

Os ensinamentos de Paulo sobre a ceia aconselham a que participe da celebração dignamente, consagrando ao Senhor o que ele mesmo instituiu e transforme a comunidade.

Documentos da Igreja para reflexão do catequista

A celebração da Eucaristia pede dos cristãos uma vida eucarística, um estilo de viver de acordo com o que se celebra. Nos diz Santo Alberto Hurtado: "Minha missa é minha vida, e minha vida é uma missa prolongada!" (HURTADO, Alberto. Um fuego que enciende otros fuegos, p. 69). Nesse banquete feliz, nos encontramos com Cristo e com os irmãos. Assim, nossa vida cotidiana se converte em uma missa prolongada. Mas todos os dons de Deus requerem uma disposição adequada para que possam produzir frutos de mudança. Especialmente, exigem-nos um espírito comunitário, que abramos os olhos para reconhecê-Lo e servi-Lo aos mais pobres: "No mais humilde encontramos o próprio Jesus" (Bento XVI, Deus Caritas Est, 15; Documento de Aparecida, 354). São João Crisóstomo tem palavras fortes para nos recordar a coerência de nossa vida com a Eucaristia: "Quereis honrar o Corpo de Cristo? Está bem, não o desprezeis, quando o vedes coberto de cansaço. Depois de o terdes honrado nas igrejas coberto de seda, não o deixeis sofrer do lado de fora pelo frio e pela sua nudez. Aquele que disse "este é o meu corpo" é o mesmo que disse "me vistes com fome [...]" (cf. Evangelii Sancti Mathaei, hom. 50, 2.4).

3. JESUS CAMINHO! ABRE MEU CORAÇÃO PARA ACOLHER A TUA VONTADE

- Solicitar que o catequizando escreva em seu caderno:
  - O que a Palavra de Deus diz para você? Cite algumas palavras para expressar o que sentiu ao ouvi-la.

- Solicitar que os catequizandos acompanhem em seu caderno como está organizada a Missa, a celebração eucarística:

1. ACOLHIDA – Ritos iniciais Desde a chegada, acolhida até a oração da coleta.	2. DIÁLOGO DA ALIANÇA – Liturgia da Palavra Desde a primeira leitura até as preces da comunidade.
3. LITURGIA EUCARÍSTICA Da preparação da mesa do altar (ofertório) até a doxologia final (por Cristo, com Cristo e em Cristo...).	4. RITO DA COMUNHÃO Do Pai-Nosso à oração pós--comunhão. 5. ENVIO Avisos e bênção final.

I) RITOS INICIAIS: Deus nos reúne. É formada a assembleia celebrante.

II) LITURGIA DA PALAVRA: Deus nos fala (pão da Palavra).

III) LITURGIA EUCARÍSTICA: Deus nos alimenta (pão da Eucaristia).

IV) RITOS FINAIS: Deus nos envia. Compromisso na vida com o que foi celebrado.

- Para conversar:
    - O que isso significa para quem está se preparando para a Primeira Comunhão Eucarística?

4. JESUS VIDA! FORTALECE A MINHA VONTADE PARA VIVER A TUA PALAVRA

- Indicar que o catequizando registre em seu caderno:
    - O que essa Palavra me faz dizer a Deus? Cada um, no silêncio, escreva sua oração de súplica, de perdão ou de louvor. (Depois pedir para cada um reze partilhando sua oração.)
- Orientar:
    - Em pé, ao redor da mesa, com os símbolos, cantar juntos: *O nosso Deus com amor sem medida* (Prever a letra da música).

- Partilhar do pão e o suco. No silêncio do coração, agradecer a Deus o gesto do seu filho Jesus.
- Rezar a oração do Pai-Nosso.
- O catequista estende as mãos sobre o grupo e dá a bênção.

5. COMPROMISSO

- A partir da mensagem do Evangelho, o que Jesus nos pede para que vivamos nesta semana?
- Escrever ou desenhar, no caderno, o que julga ser importante para memorizar e guardar.
- Convidar os pais e padrinhos do batismo para participarem juntos na celebração da Eucaristia, festa da comunidade.
- Na próxima semana, cada um partilhará como viveu essa experiência.

6. AVALIAÇÃO DO CATEQUISTA

Durante a semana, avaliar o encontro. Anotar os pontos fortes. Como se sentiu? Os objetivos foram alcançados? Quais foram as dificuldades encontradas?

Lembrete:
Celebração da Primeira Comunhão Eucarística (sábado ou domingo)

Quem vive unido a Jesus produz frutos

23º Encontro

— Preparando o encontro —

Toda nossa vida, nosso modo de pensar e agir, devem ser um reflexo de nossa união e de nossa comunhão com Jesus. Ele é quem nos dá a graça de produzirmos "bons frutos" através das atitudes do dia a dia.

Objetivo: Despertar para a necessidade de permanecer unido a Jesus, vivendo o que Ele ensinou para produzir bons frutos de paz, de justiça e de igualdade.

Preparação do ambiente: Vela, Bíblia, um tronco de árvore com vários galhos, uma cesta com algumas espécies de frutas, pequenas folhas de papel.

1. MOMENTO DE ACOLHIDA E ORAÇÃO

- O catequista acolhe os catequizandos, desejando-lhes as boas-vindas.
- Orientar seus catequizandos para a partilha da experiência vivida na celebração da Primeira Comunhão Eucarística.
- Convidar para o fazer o sinal da cruz e um canto apropriado para o momento.
- Mostrar que, na Eucaristia, buscamos o alimento para produzir bons frutos, conforme o tema deste encontro.

2. JESUS VERDADE! AJUDA-ME A CONHECER A TUA PALAVRA

- Leitura do texto bíblico: Jo 15,1-6. (Todos permanecem em pé.)
- Cada um lê novamente o texto, individualmente.

133

- Em mutirão, contar essa Palavra de Deus.
- Destacar as imagens. Identificar as comparações.
- O que chamou a sua atenção?

Para reflexão do catequista

"Permanecei em mim, como eu em vós". Jesus, no Evangelho, ressalta a importância da união com Ele. Este texto faz parte do discurso e da oração do Senhor depois da última ceia. Apresenta a vivência da comunidade e o mistério da comunhão em Cristo Jesus, através da comparação da videira e dos ramos. O ramo que não der fruto é cortado e lançado ao fogo. Ramo que dá fruto é podado para que dê mais frutos. Jesus convida os apóstolos a permanecerem Nele. Como o tronco da videira transmite a vida aos ramos, e os ramos são vivificados quando permanecem ligados ao tronco, assim se dá com Cristo e os cristãos. Ligados a Jesus Cristo, produzimos frutos bons de paz, justiça e igualdade. Permanecer em Jesus Cristo é viver em comunhão, participando da comunidade. Somos os ramos que, pelo batismo, fomos introduzidos na vida de Jesus. Somente unidos a Ele encontramos as condições, a seiva da vida para, consequentemente, produzir frutos de qualidade. Quem esquece a condição de ramo ligado ao tronco não tem o direito de participar da vida de Jesus, pois Ele é a videira e nós somos os ramos.

Documentos da Igreja para reflexão do catequista

O Documento de Aparecida nos fala do que significa permanecer unidos a Cristo: "Com a parábola da videira e dos ramos (Jo 15,1-8), Jesus revela o tipo de vínculo que Ele oferece e o que espera dos seus". Não quer um vínculo como "servos" (Jo 8,33-36), porque "o servo não conhece o que faz seu senhor"(Jo 15,15). O servo não tem entrada na casa de seu amo, muito menos em sua vida. Jesus quer que seu discípulo se vincule a Ele como "amigo" e como "irmão". O "amigo" ingressa em sua vida, fazendo-a própria. O amigo escuta Jesus, conhece o Pai e faz fluir sua vida (Jesus Cristo) na própria existência (Jo 15,14), marcando o relacionamento com todos (Jo 15,12)" (Documento de Aparecida, 132). Diz-nos ainda que "Jesus, o Bom Pastor, quer comunicar-nos a sua vida e colocar-se a serviço da vida" (n. 353).

3. JESUS CAMINHO! ABRE MEU CORAÇÃO PARA ACOLHER A TUA VONTADE

- Solicitar para que os catequizandos escrevam em seu caderno:
  - Que lição Jesus nos dá com essa Palavra? O que aprendemos?
- Formar dois grupos. Um grupo pensa uma breve encenação que revela frutos e atitudes de quem não está unido ao tronco, que é Jesus. Outro grupo prepara uma breve encenação, expressando atitudes e ações que produzem frutos bons, adotadas por quem está unido ao tronco, que é Jesus.
- Após um tempo, os dois grupos apresentam o que prepararam.
- Conversar sobre o que cada grupo apresentou – escrever no papel os frutos bons e colocá-los próximos ao tronco.
- Convidá-los a lerem os frutos que devem estar presentes na vida do cristão.

4. JESUS VIDA! FORTALECE A MINHA VONTADE PARA VIVER A TUA PALAVRA

- Solicitar para que os catequizandos expressem espontaneamente um motivo pelo qual gostariam de estar unidos ao tronco (Jesus).
- Todos em pé, diante da palavra, da vela e do tronco.

Canto: o catequista canta as estrofes, e todos cantam ou repetem o refrão: *Eu sou a videira, meu Pai é o agricultor, Vós sois os ramos, permanecei no meu amor.*

- No silêncio do coração, cada um faz a Deus sua oração de perdão, de louvor ou de súplica.
- Oração do Pai-Nosso.

  (No início e no fim da oração, cantar: *Pai-Nosso que estais no céu, Pai-Nosso que estais aqui*).

5. COMPROMISSO

- Comentar:
    - Quem produz frutos, dons de Deus, realiza o bem e cria sinais do Reino de Deus.
    - Orientar para ler em casa, com os pais, esse trecho do Evangelho. Conversar sobre os frutos que a família produz.
    - O que podemos fazer, nesta semana, para ficar unidos a Jesus e mantermos viva em nós a Eucaristia que comungamos?

Lembrete

Trazer para o próximo encontro: terra, areia ou serragem para construir um caminho.

6. AVALIAÇÃO DO CATEQUISTA

Durante a semana, avaliar o encontro. Anotar os pontos fortes. Como se sentiu? Os objetivos foram alcançados? Quais foram as dificuldades encontradas?

O Espírito Santo, protagonista da missão, manifesta a Igreja e nos faz missionários

24º Encontro

Preparando o encontro

O Espírito Santo, protagonista da missão, manifesta a Igreja e nos faz missionários. Nós somos cristãos e pertencemos à Igreja fundamentada em Jesus Cristo, nosso Salvador. Ele nos confiou a missão de organizar a Igreja em todo o mundo. Para podermos responder a esse compromisso, enviou-nos o Espírito Santo. Ele nos dá a força do alto para prosseguirmos nessa missão. Sempre que procuramos criar fraternidade nos ambientes onde vivemos, estamos colocando Jesus no meio das pessoas. Em nossos gestos de fraternidade, encontramos Jesus, que nos ilumina e nos dá forças. Nunca ficarão perdidas as atitudes que geram fraternidade.

Objetivo: Celebrar a festa de Pentecostes, a vinda do Espírito Santo, manifestando a Igreja como comunidade missionária.

Preparação do ambiente: Vela grande, Bíblia, sete velas menores ou sete línguas de fogo, folhas de papel em branco e canetas.

1. MOMENTO DE ACOLHIDA E ORAÇÃO

- Convidar os catequizandos para partilhar como cada um viveu o compromisso assumido no encontro anterior, motivando-os a destacarem:
    - Quais são os frutos, as coisas boas, que sua família realiza.
    - O que conseguiu fazer concretamente para ficar unido a Jesus, mantendo viva a Eucaristia que comungou.

- Orientar a preparação do caminho e sobre ele dispor os símbolos que já estão preparados, que envolvem o tema do encontro.
- Convidá-los a fazer o sinal da cruz e invocar o Espírito Santo com o canto: *Envia teu espírito, Senhor, e renova a face da Terra.*
- Iniciando a conversa:
    - Comentar: nos encontros passados, refletimos sobre a ressurreição de Jesus e o caminho dos discípulos de Emaús. Ainda estamos vivendo a experiência do ressuscitado no meio de nós. Jesus prepara seus discípulos para assumirem a missão, viverem seus ensinamentos e promete enviar o Espírito Santo para lhes ensinar tantas coisas que ainda não entenderam.
- Para refletir:
    - Já ouvimos falar da festa de Pentecostes? O que é? Quando acontece? O que sabemos sobre o Espírito Santo?

2. JESUS VERDADE! AJUDA-ME A CONHECER A TUA PALAVRA

- Canto à escolha e conforme o tema do encontro.
- Orientar para todos ficarem em pé. Um catequizando pegar a Bíblia que está no meio do grupo e proclamar com voz clara e forte a leitura do texto bíblico: At 2,1-13.
- Convidar para refletir e partilhar da seguinte forma:
    - Ler o mesmo texto, individualmente.
    - Motivar os catequizandos para contar a história relatada no texto.
    - Pedir aos catequizandos para destacar os personagens do texto e os verbos mais repetidos.
- Solicitar para que os catequizandos leiam o texto e depois o comentem:

O Espírito Santo é livre. Ele age quando e como quer e sem mesmo alguém esperar. É como o vento, tu ouves, mas não sabes de onde vem, nem para onde vai. Ele sopra na Igreja e sopra no coração de cada um que é capaz de silenciar para ouvir. Ele é criativo e estimula a criatividade de quem está aberto para acolher sua ação. O Espírito de Jesus nos anima na vida e na missão. Oferece oportunidades e caminhos para viver conforme o ensinamento de Jesus.

Para reflexão do catequista

A festa de Pentecostes, que é celebrada a cada ano, 50 dias depois da Páscoa é, para todos os cristãos, a festa do Espírito Santo. O texto bíblico que proclamamos nos diz que os discípulos estavam reunidos numa sala. De repente, vem do céu um ruído, um vento forte, apareceram línguas, como de fogo, que pousaram sobre cada um deles. Todos ficaram repletos do Espírito Santo. E começaram a falar em outras línguas. A vinda do Espírito Santo, 50 dias após a Páscoa, coincide com o Pentecostes judaico, no qual o povo judeu celebrava o dom da aliança, no Sinai, a entrega da lei (decálogo), o compromisso com a vida e a justiça. Deus fez aliança com Moisés e o seu povo, 50 dias depois que o povo saiu do Egito. A partir daquela esplêndida e explosiva iluminação, o Espírito Santo se manifesta ao mundo. Inicia para valer o anúncio da salvação de Jesus Cristo, morto e ressuscitado ao mundo histórico. Começa a ser constituído o novo povo de Deus. Pentecostes é a festa da unidade na diversidade. O livro do Gênesis 11,1-9 narra o episódio da Torre de Babel: não havia entendimento entre as pessoas, nem unidade. Era uma verdadeira confusão. Pentecostes é o oposto de Babel, pois aqui todos escutam e anunciam o Jesus ressuscitado. O medo foi suspenso e se iniciaram as novas comunidades. Não só o povo de Israel, mas todos os povos passaram a ser alcançados e evangelizados, cada um em sua própria língua.

Documentos da Igreja para reflexão do catequista

"O papa João Paulo II nos disse que o Espírito Santo é quem move o cristão para ser missionário: O Espírito Santo é o protagonista de toda missão eclesial" (Redemptoris Missio, 21). Recorda o ensinamento do Concílio, que, ao falar da missão, diz que é o Espírito Santo quem age nos corações dos fiéis para terem o mesmo espírito missionário pelo qual era movido Cristo (Ad Gentes, 4). Em Aparecida, os bispos da América Latina assumiram o compromisso de realizar uma grande missão. Assim propuseram: "Assumimos o compromisso de uma grande missão em todo o continente, que nos exigirá aprofundar e enriquecer todas as razões e motivações que permitam converter cada cristão em um discípulo missionário. Necessitamos desenvolver a dimensão missionária da vida de Cristo. A Igreja necessita de uma forte comoção que a impeça de se instalar na comodidade, no estancamento e na indiferença, à margem do sofrimento dos pobres do continente. Necessitamos que cada comunidade cristã se transforme num poderoso centro de irradiação da vida em Cristo. Esperamos um novo Pentecostes que nos livre do cansaço, da desilusão, da acomodação ao ambiente; esperamos uma vinda do Espírito que renove nossa alegria e nossa esperança" (cf. Documento de Aparecida, 362).

3. JESUS CAMINHO! ABRE MEU CORAÇÃO PARA ACOLHER A TUA VONTADE

- Indicar para que os catequizandos respondam e escrevam em seu caderno:
    - O que essa palavra nos fez entender? O que ela diz para nós?
    - Como podemos sentir em nós o Espírito de Deus?
    - O que o Espírito Santo realizou nos apóstolos? Como entender isso?
    - Recebemos o Espírito Santo no batismo, é ele quem nos anima a vivermos e testemunharmos Jesus. Como vivemos nosso batismo?

4. JESUS VIDA! FORTALECE A MINHA VONTADE PARA VIVER A TUA PALAVRA

- Orientar: Vamos escrever, nas tiras de papel, o nome dos sete dons do Espírito Santo e dizer o que entendemos de cada um deles.
- Indicar para cantar a música *Vem, Espírito Santo;* acender as velas no círio e colocá-las sobre as tiras de papel. Cada uma sobre um dom.
    - Após este momento, convide-os para que, em espírito de oração, cada um cite nos espaços propostos em seus cadernos o nome dos dons do Espírito Santo e logo abaixo escreva uma frase explicando

o que aprendeu sobre esse dom e quer colocar em prática, em sua vida de cristão.

- Concluir o momento solicitando para rezar juntos a oração:

Olha, Senhor, vossa família aqui reunida. Que o Espírito Santo nos ilumine e nos ensine a verdade completa das coisas de Deus. Dai-nos a unidade dos discípulos e discípulas de Jesus, como Ele desejou. Pedimos isso em nome de Jesus, nosso Senhor. Amém.

5. COMPROMISSO

- Orientar os catequizandos para:
  - Ler em casa o texto bíblico: Gálatas 5,22-23 – que aponta quais são os frutos do Espírito Santo. Fazer uma lista e trazer para o próximo encontro.
  - Contar aos pais e amigos quais são os dons do Espírito Santo que conhecemos neste encontro.
  - Escolher um dom do Espírito Santo para tentar, durante a semana, viver com mais intensidade.
- Bênção final: Que o Espírito de Deus nos dê a unidade. Assim, com um só coração e uma só boca, louvaremos o Senhor agora e sempre. Amém!

6. AVALIAÇÃO DO CATEQUISTA

Durante a semana, avaliar o encontro. Anotar os pontos fortes. Como se sentiu? Os objetivos foram alcançados? Quais foram as dificuldades sentidas?

25º Encontro

Jesus ressuscitado é o Bom Pastor

— Preparando o encontro —

Uma das figuras mais bonitas de Jesus é a do Bom Pastor. Ele, ressuscitado, continua sendo o único Pastor que nos conduz. Quem segue Jesus e seu Evangelho alcançará, certamente, a felicidade de uma vida cheia de paz. Toda pessoa batizada é convidada a continuar a missão de Jesus, ser pastor bom e misericordioso no mundo. Ao contrário do ladrão e do lobo; estes são maus pastores, querem se apropriar dos mesmos títulos que Jesus atribuiu a si mesmo: bom, misericordioso. Jesus os acusa de querer arrancar das suas mãos (de legítimo proprietário) todos os chamados à fé e de querer conduzi-los à perdição. Jesus se apresenta como a porta pela qual passa cada pessoa batizada, para encontrar o caminho que conduz a Deus Pai. Jesus, em sua morte e ressurreição, deu a vida, para que todos nós pudéssemos ter vida em abundância. É por isso que nós afirmamos que Jesus ressuscitado é o Bom Pastor.

Objetivo: Fazer a experiência de Jesus ressuscitado que se manifesta no Bom Pastor, que conhece, ama, protege e salva.

Preparação do ambiente: Organizar o ambiente colocando um pano no chão. No centro da sala ou sobre a mesa, colocar uma imagem ou figura de Jesus, Bom Pastor, ovelhinhas (tantas quantas são os catequizandos), um cajado e a Bíblia. Escrever em pequenas tiras de papel as qualidades de Jesus, Bom Pastor: forte, bondoso, cuidador, defensor, conhecedor, Salvador, libertador, redentor, curador, puro amor, etc.

1. MOMENTO DE ACOLHIDA E ORAÇÃO

- Convidar os catequizandos para partilhar o compromisso do encontro anterior.
- Solicitar para apresentar os frutos do Espírito descobertos na leitura do texto bíblico de Gálatas Gl 5,22-23.
- Orientar os catequizandos para traçar o sinal da cruz e aproximarem-se do cenário do encontro, observar os símbolos e escolher uma palavra que expressa as qualidades do Bom Pastor.
- Pedir para rezar juntos:

Jesus, Bom Pastor, vivei em mim, para que eu possa ser vossa testemunha, através das palavras, das atitudes, daquilo que faço. Confio na vossa presença, pois Vós disseste: "Eis que estou com vocês todos os dias, sempre. Amém!".

2. JESUS VERDADE! AJUDA-ME A CONHECER A TUA PALAVRA

- Leitura do texto bíblico: João 10,7-16.
- Propor aos catequizados:
  - Reler o texto individualmente e destacar os personagens.
  - Destacar as palavras mais importantes.
- Solicitar aos catequizandos para refletir e partilhar a partir das questões:
  - Que nomes Jesus dá a si mesmo?
  - O que Jesus veio fazer no mundo?
  - Que preocupação Jesus manifesta como Bom Pastor?

3. JESUS CAMINHO! ABRE MEU CORAÇÃO PARA ACOLHER A TUA VONTADE

- Para refletir com os catequizandos:
  - O que essa Palavra diz para cada um de nós?
  - Quando somos semelhantes a Jesus, o Bom Pastor?
- Solicitar para que os catequizandos escrevam em seu caderno:
  - Conhecem pessoas parecidas com Jesus? O que fizeram? O que ensinaram?
  - O que Jesus pede para mim hoje?

Para reflexão do catequista

"Eu sou a porta das ovelhas", assim garante Jesus. Trata-se da porta de um cercado, sem telhado. E como tal, Ele permite entrar e sair; como toda porta, abre e fecha. Quando a porta fecha é para proteger o rebanho contra os inimigos predadores que ameaçam a vida de todo rebanho. Quando a porta é aberta para fazer o rebanho sair, o Pastor vai à frente para conduzir o rebanho em segurança à verdadeira pastagem, como diz o Salmo 22. Quem conduz o Povo de Deus é o Senhor, Bom Pastor. O alimento que sustenta o Povo, do qual o Cristo é o Pastor, é a sua própria vida, entregue para a vida do mundo. Quanto ao rebanho, ele segue unicamente o Pastor, cuja voz ele conhece.

Jesus é a porta, tanto de entrada como de saída. Ele compara sua reivindicações de ser a porta com as dos falsos pastores, citando-os como ladrões e salteadores. Esta se refere provavelmente aos lobos contra os quais o verdadeiro pastor mantinha sempre uma luta constante. Os lobos da alegoria representam toda a hierarquia religiosa que ofusca o ensino de Deus, colocando as tradições humanas no lugar dos mandamentos divinos. As ovelhas reconhecem os impostores, os lobos disfarçados em ovelhas, e não são enganadas. Só Jesus é a porta das ovelhas. Só Ele pode mediar entre Deus e o homem para a salvação. Jesus compara o objetivo dos ladrões com o seu projeto. O ladrão vem somente para roubar, matar, destruir e explorar os outros. Jesus Cristo veio para que a humanidade tivesse vida e a tivesse em abundância. Seu propósito é de proporcionar em abundância tudo o que enriquece a vida. Jesus se descreve como o Bom Pastor que dá a sua vida pelas ovelhas. A morte de Jesus é voluntária. Ele dá, ou entrega, a sua vida. Entretanto, o sacrifício da sua vida é também contido na expressão "Bom Pastor", "bom" pode significar belo, nobre, competente. A metáfora estende a sua aplicação da porta para o pastor, dos falsos mestres, como ladrões, para o mercenário. O pensamento é natural à mente hebraica. O mercenário, que pastoreia as ovelhas para fins lucrativos, abandona-as na hora de perigo. Não tem interesse para com as ovelhas, pois não lhes pertence. Desta maneira o rebanho se torna vítima dos lobos. O Bom Pastor conhece as suas ovelhas. Este conhecimento é recíproco e O leva a dar a sua vida por elas. O conhecimento entre o Pastor e as ovelhas garante sintonia entre o Pai e o Filho. Ainda tenho outras ovelhas, diz Jesus, referindo-se aos gentios que compartilharão os benefícios do seu sacrifício. Haverá um rebanho e um Pastor. Os apriscos podem ser muitos. Há, porém, somente um rebanho. É Ele quem dá a vida por suas ovelhas e não as abandona, nem foge delas. Garante a vida de cada uma delas sem reservas. Carrega nos ombros as ovelhas feridas e as fracas. Faz retornar as que estão dispersas. É Ele quem nos convida à conversão. O Bom Pastor cuida e tem interesse pelas ovelhas que não pertencem ao seu rebanho. O Bom Pastor tem a missão de trabalhar pelo bem comum. Sua dedicação total e generosa dá exemplo de vida e ensina a percorrer os caminhos na única dimensão, a do amor.

Documentos da Igreja para reflexão do catequista

Os documentos da Igreja apresentam Jesus com atitudes de Bom Pastor: "Jesus, o bom pastor, quer comunicar a sua vida e se colocar a serviço da vida. Vemos como ele se aproxima do cego no caminho (Mc 10,46-52), dignifica a samaritana (Jo 4,7-26), cura os enfermos (Mt 11,2-6), alimenta o povo faminto (Mc 6,30-44) e liberta os endemoninhados (Mc 5,1-20). Em seu Reino de Vida, Jesus inclui todos: come e bebe com os pecadores (Mc 2,16), sem se importar que o tratem como comilão e bêbado (Mt 11,19); toca nos leprosos (Lc 5,13). Deixa que uma prostituta unja seus pés (Lc 7,36-50). Recebe Nicodemos para convidá-lo a nascer de novo (Jo 3,1-15). Igualmente, convida seus discípulos à reconciliação (Mt 5,24), ao amor pelos inimigos (Mt 5,44) e a optarem pelos mais pobres (Lc 14,15-24)" (cf. Documento de Aparecida, 353).

4. JESUS VIDA! FORTALECE A MINHA VONTADE PARA VIVER A TUA PALAVRA

- Solicitar para que os catequizandos escrevam em seu caderno a oração respondendo à pergunta:
    - O que o encontro de hoje me faz dizer a Jesus, Bom Pastor ressuscitado?
- Rezar juntos o Salmo 23 ou cantar.

5. COMPROMISSO

- Em casa, com os pais, ler Ez 34,11-21. No caderno, escrever em resposta como imagina Jesus, Bom Pastor ressuscitado, com algumas ovelhas.
- Com os pais, fazer uma oração. Recordar as pessoas que moram perto, as que mais precisam: doentes, crianças abandonadas, idosos, desempregados e migrantes.

6. AVALIAÇÃO DO CATEQUISTA

Durante a semana, avaliar o encontro. Anotar os pontos fortes. Como se sentiu? Os objetivos foram alcançados? Quais foram as dificuldades encontradas?

Deus conduz à verdadeira felicidade

26º Encontro

— Preparando o encontro —

Nosso caminho terreno deve nos conduzir à verdadeira liberdade, isto é, vivermos de tal forma que tudo o que fizermos e o modo como vivermos nos proporcionem felicidade. Todo o grupo humano precisa de orientações e normas comuns para viver bem. Em nossa casa, para que exista harmonia, existem algumas coisas que todos sabem como devem ser. Não dá para cada um fazer o que quer. Precisamos de algumas orientações para trilharmos o caminho da felicidade. Deus nos deu um caminho certo: os mandamentos e os preceitos do Evangelho são orientações que se tornam a grande ferramenta para sermos felizes e andarmos no caminho da aliança com Deus. Seguir os mandamentos da Lei de Deus, é desejar viver com liberdade, fazer o bem e ser feliz.

Objetivo: Criar consciência de que o caminho para a felicidade é seguir os mandamentos e os preceitos de Jesus.

Preparação do ambiente: Imagens ou fotografias de trilhos do trem ou do metrô, duas pedras, tiras de papel contendo os mandamentos escritos, pincéis ou canetas.

1. MOMENTO DE ACOLHIDA E ORAÇÃO

- O catequista convida os catequizandos para:
    - Partilhar do compromisso assumido no encontro anterior.
    - Entoar um canto ao Espírito Santo.
    - Passar a Bíblia de mão em mão.

- Cada catequizando, ao entregar a Bíblia ao outro, deve ler esta frase, dizendo o próprio nome e o de quem recebeu a Bíblia. "Eu (nome) te acolho (nome) com a Palavra de Deus".
- Cantar o sinal da cruz e rezar juntos o Pai-Nosso.

2. JESUS VERDADE! AJUDA-ME A CONHECER A TUA PALAVRA

- Orientar os catequizandos, após a leitura do texto bíblico Ex 20,1-17, para relê-lo individualmente.
- Convidar a refletir e partilhar sobre:
    - O que o texto diz?
- Destacar, a partir do texto, os dez mandamentos.
- Ler juntos os dez mandamentos.

Para reflexão do catequista

Os mandamentos são deveres para com Deus e para com as pessoas. O v. 2 dá o espírito de todos os dez mandamentos:

1º Deus, que fez o povo sair da escravidão, é quem pede para o povo que os cumpra.

2º Quer dizer que todos esses mandamentos são para as pessoas se sentirem livres e felizes com Deus e com os outros.

3º Foi Deus quem os ditou. Portanto, ninguém pode mudá-los.

4º Nós amamos Deus se fizermos tudo o que Ele pede.

Os vv. 3-6 têm alguma lei que hoje oferece dificuldade e que precisamos entender bem:

A proibição de fazer imagens de Deus se refere ao fato de que o Deus da libertação não podia ser substituído por outros deuses que representavam e justificavam a opressão que havia no Egito. Se o Deus dos mandamentos ensina a liberdade e a justiça, o cristão tem que viver assim e não inventar outras leis e imagens de deuses falsos. Portanto, isso nada tem a ver com as imagens dos santos da nossa Igreja. Essas imagens são recordação do caminho da libertação, em que todos precisam andar, não do caminho da opressão.

O v. 7 fala do respeito que devemos ter por Deus e pelas coisas sagradas: não podemos usar o nome de Deus ou sua imagem para esconder o mal, acobertar a injustiça e a opressão.

O v. 8 fala do sábado, que, para os cristãos, após a ressurreição de Jesus, é o domingo: o dia do Senhor é o dia do louvor de Deus, dia de encontro fraterno na oração. É também o dia do descanso para viver melhor, com alegria e paz de espírito.

Os demais mandamentos que aparecem na Bíblia são quase como nós os aprendemos na tradição da Igreja. Falam com clareza de como devemos viver em relação:

- Ao respeito pelos pais.
- À defesa da vida da pessoa.
- À defesa da dignidade do corpo e da intimidade da pessoa.
- Ao respeito pela propriedade alheia.
- Ao testemunho que devemos dar, sempre a partir da verdade, sem nunca usar a mentira ou a calúnia.

No v. 17, há dois mandamentos num só (9º e 10º). Na tradição da Igreja, esse mandamento foi separado em dois. O 9º mandamento se refere à cobiça da mulher do próximo. O 10º se refere à cobiça das coisas do próximo. Todas essas leis são para que as pessoas vivam bem, conforme Deus quer: com dignidade e com honra.

Os dez mandamentos ajudaram o Povo de Deus a sair da escravidão e a andar no caminho da vida e da liberdade. Têm como objetivo organizar o povo para não cair na tentação de ser escravo, nem de escravizar os outros. Os dez mandamentos são como um trilho: quem anda neles, andará no rumo certo.

Documentos da Igreja para reflexão do catequista

O catecismo nos ensina que, para compreendermos os Dez Mandamentos, precisamos situá-los nos acontecimentos do Êxodo, no

Antigo Testamento. O Êxodo, a saída do povo de Israel do Egito para a Terra Prometida, foi o grande acontecimento libertador de Deus, centro de toda a Antiga Aliança. Os mandamentos, alguns como proibições, outros formulados de maneira positiva, "indicam as condições de uma vida liberta da escravidão do pecado. O Decálogo é um caminho de vida" (Catecismo da Igreja Católica, 2.057). São o caminho para a felicidade. "Os Dez Mandamentos enunciam as exigências do amor de Deus e do próximo. Os três primeiros se referem mais ao amor de Deus e os outros sete ao amor do próximo" (cf. Catecismo da Igreja Católica, 2.067).

3. JESUS CAMINHO! ABRE MEU CORAÇÃO PARA ACOLHER A TUA VONTADE

- Conversar com os catequizandos:
    - O que esses mandamentos nos ensinam? Por que podemos chamá-los de caminhos da aliança?
    - Indicar que registrem em seu caderno após a conversa sobre:
        - De quem falam os três primeiros mandamentos?
        - A quem se referem os mandamentos a partir do 4º até o 10º?
- Solicitar para o catequizando escrever nas colunas em seu caderno: na primeira, os mandamentos como estão na Bíblia e, na segunda, os mandamentos na sua forma simplificada, conforme é tradição dos cristãos. Depois, confrontar as semelhanças e diferenças, escrevendo o que entendeu sobre os mandamentos.

4. JESUS VIDA! FORTALECE A MINHA VONTADE PARA VIVER A TUA PALAVRA

- Pedir que os catequizandos, no silêncio do coração, olhem as tiras de papel com os dez mandamentos e escrevam sua oração pessoal a Deus.
- Diante dos dez mandamentos, cada um deve fazer um pedido de perdão sobre um mandamento.
- Cada um deve dizer o mal que causa a não observância desse mandamento. Todos rezam: *Piedade, piedade, piedade de nós*.
- Rezar juntos o Salmo 148.

5. COMPROMISSO

- Escrever os dez mandamentos, conforme estão escritos na bíblia, numa folha. Colocar no seu quarto ou no lugar de estudo para que sejam lembrados a cada dia.
- Escolher e anotar no caderno um dos mandamentos que julga necessário vivê-lo mais intensamente nesta semana.

Lembrete:

Para o próximo encontro, trazer recortes de revistas ou jornais, figuras ou fotos que mostrem pessoas ajudando outras.

6. AVALIAÇÃO DO CATEQUISTA

Durante a semana, avaliar o encontro. Anotar os pontos fortes. Como se sentiu? Os objetivos foram alcançados? Quais foram as dificuldades encontradas?

27º Encontro

Jesus anuncia o seu Reino

Preparando o encontro

Por meio de comparações, Jesus ensina aos discípulos e ao povo que o segue os "mistérios" do Reino de Deus. Por meio de parábolas, Jesus mostra que Deus tem um projeto de salvação e de felicidade que vai além das propostas humanas. Seguir os ensinamentos de Jesus é realizar e testemunhar o Reino de Deus.

Objetivo: Fortalecer a vida em Jesus, centro da fé e do Reino de Deus.

Preparação do ambiente: Um prato com terra, algumas sementes bem pequenas, a Bíblia, um pouco de fermento e flores. Cada catequizando coloca também os recortes de jornal, revistas e figuras que trouxe.

1. MOMENTO DE ACOLHIDA E ORAÇÃO

- Orientar para partilhar o compromisso do encontro anterior e destacar o mandamento que viveu com maior sinceridade.
- Indicar para colocar as figuras e recortes que trouxeram junto com os símbolos já preparados.
- Incentivar a observar as sementes e o fermento e partilhar o que isso significa para nós.
- Iniciando a conversa :
    - Comentar e convidar a ler juntos:
        - Hoje vamos entender, em nosso encontro, que o Reino de Deus é feito de pequenas coisas, de pequenos gestos. Isso revela o amor de Deus. O amor de Deus move montanhas, transforma corações.

2. JESUS VERDADE! AJUDA-ME A CONHECER A TUA PALAVRA

- Entoar um canto de aclamação ao Evangelho.
- Convidar um catequizando com voz clara e alta a fazer a leitura do texto bíblico: Mt 13,31-35.
- Explicar para reler individualmente na sua Bíblia, o mesmo texto.
- Motivar: vamos recontar com nossas palavras a leitura que acabamos de ouvir.
- Solicitar que os catequizandos reflitam e partilhem a seguinte questão:
  - Quais são as imagens e os símbolos presentes nessa parábola que Jesus contou?

Para reflexão do catequista

Jesus, que veio do Pai, fez o possível para que as pessoas entendessem e compreendessem o projeto de Deus. Ao propor a ideia, esclareceu usando comparações, chamadas parábolas. As parábolas, nascidas no dia a dia de Jesus Cristo, mostram a proximidade de Deus, a presença do Reino de Deus no meio da humanidade. Quem não as entende ou não as quer entender não é por falta de "tradução" da ideia central, mas devido ao mau espírito para não aderir a Cristo.

O grão de mostarda, como um punhado de fermento, simboliza o que é pequeno, frágil e modesto, mas que, num volume de massa maior, é capaz de transformar. A semente que tem vida dentro de si, morre para dar mais frutos; aquela que é menor forma uma árvore maior, porque oferece o melhor de si mesma. O fermento que tem a força em seu interior, espalha-se entre o pó da farinha para levedar e dar condições de sair o melhor pão.

Jesus ensina que o pequeno e o frágil oferecem o que têm de melhor para que o Reino de Deus se realize. O Reino pode ter um começo modesto, mas sua realização é assegurada pela força interior, pela ação do Espírito Santo e pelo desejo de amar de Deus-Trindade. Assim, o Senhor nos revela seus desejos e com sabedoria nos instrui.

Documentos da Igreja para reflexão do catequista

Os bispos, em Aparecida, acentuaram a importância de o cristão ter Cristo como centro de sua vida e que esteja muito ligado a Ele, para poder ter vida plena: "Jesus convida a nos encontrar com Ele e a que nos vinculemos estreitamente a Ele, porque é a fonte da vida (Jo 15,1-5) e só Ele tem palavras de vida eterna" (Jo 6,68). Na convivência cotidiana com Jesus e na confrontação com os seguidores de outros mestres, os discípulos logo descobrem duas coisas bem originais no relacionamento com Jesus. Por um lado, não foram eles que escolheram seu Mestre, foi Cristo quem os escolheu. E, por outro lado, eles não foram convocados para algo (purificar-se, aprender a lei...), mas para alguém, escolhidos para se vincularem intimamente à pessoa dele (Mc 1,17; 2,14). Jesus os escolheu para que "estivessem com Ele e para enviá-los a pregar" (Mc 3,14), para que o seguissem com a finalidade de "ser d'Ele" e fazer parte "dos seus" e participar de sua missão (cf. Documento de Aparecida, 131).

3. JESUS CAMINHO! ABRE MEU CORAÇÃO PARA ACOLHER A TUA VONTADE

- Solicitar que os catequizandos escrevam em seu caderno e depois partilhem com os colegas:
    - O que essa Palavra de Deus nos diz? Que lição nos oferece?
    - Que convite nos faz?
    - Que atitudes ou gestos, hoje, podem ser comparados com a semente de mostarda ou com o fermento?
    - Como a Palavra de Deus ajuda a transformar a sociedade?

4. JESUS VIDA! FORTALECE A MINHA VONTADE PARA VIVER A TUA PALAVRA

- Convidar que cada catequizando pegue uma semente na mão e fale o que gostaria que acontecesse no mundo ou em sua vida de bom.
- Rezar juntos o Salmo 49 da Bíblia: um versículo para cada catequizando.

5. COMPROMISSO

- Solicitar que cada catequizando escreva alguma coisa pequena, mas de grande valor, que irá assumir como compromisso.

Lembrete:

Para o próximo encontro, trazer alguma coisa que é muito significativa para você, isto é, que lembra alguém ou um fato muito importante.

6. AVALIAÇÃO DO CATEQUISTA

Durante a semana, avaliar o encontro. Anotar os pontos fortes. Como se sentiu? Os objetivos foram alcançados? Quais foram as dificuldades encontradas?

28º Encontro

Jesus, caminho que leva ao Pai

Preparando o encontro

Nossa vocação é a santidade de vida, unida a Deus e aos irmãos. Para alcançar a santidade em nível pessoal, é preciso seguir os ensinamentos de Jesus. Ninguém vai ao Pai senão seguindo os passos de Jesus, anunciados e testemunhados na Boa Nova do Evangelho.

Objetivo: Fortalecer a certeza de que o seguimento de Jesus é um caminho para a vida de santidade no amor.

Preparação do ambiente: Criar um espaço circular. Preparar, no chão, um caminho com terra ou areia, um quadro com o rosto de Jesus, uma vela, a Bíblia e as palavras: Caminho, Verdade e Vida. Colocar pétalas de flores recortadas em papel.

1. MOMENTO DE ACOLHIDA E ORAÇÃO

- Acolher os catequizandos com alegria. Desejar um bom encontro e entregar uma pétala de flor.
- Iniciar com o sinal da cruz.
- Iniciando a conversa:
    - Comentar: Nosso encontro de hoje vai mostrar que Jesus prepara seus discípulos para assumirem a missão que Ele lhes havia indicado. Jesus os consola, dizendo: "Não se perturbe o vosso coração, acreditem em Deus e acreditem também em mim" (Jo 14,1).
- Orientar para conversar sobre como nós ficamos quando alguém muito próximo de nós (amigo, familiar, colega) se afasta do grupo por diferentes razões.

- Convidar os catequizandos para partilhar o que cada um trouxe de importante para o encontro.

2. JESUS VERDADE! AJUDA-ME A CONHECER A TUA PALAVRA

- Convidar a pausadamente realizar a leitura do texto bíblico: Jo 14,1-14.
- Ler individualmente o mesmo texto.
- Motivar para refletir e partilhar sobre:
    - O que o texto diz? O catequista ajuda a recontar o texto.
    - Destacar os personagens e os verbos presentes no texto.
    - Cada um comenta o que mais chamou a sua atenção.

Para reflexão do catequista

Este texto pertence ao discurso de despedida de Jesus. O tema central que domina todo o conteúdo é a partida de Jesus e o futuro de seus discípulos. Estamos diante de uma autorrevelação de Jesus. Ele é o caminho para o Pai. Por isso, afirma que é o Caminho, a Verdade e a Vida. Há no mundo muitos caminhos ramificados numa teia imensa. Há também muitas verdades, e cada qual com sua utilidade e valor. E há, igualmente, muitas vidas e formas de vida, desde a mais simples até as mais complexas. Somente Jesus sintetiza todos os critérios para chegarmos ao Pai e participar de sua vida e de seu amor. Jesus mostra sua verdadeira identidade, apresentando-se como imagem do Pai. Quem segue no seu caminho alimenta-se com sua verdade e, consequentemente, participa de sua vida. A Eucaristia é antecipação dessa realidade. "Quem me vê, vê o Pai." Essa declaração de Jesus deixa nítida sua intimidade com Deus. Ao vivenciarmos a comunhão com Jesus, alimentamos a esperança e a certeza de que a nossa meta é a vida com Deus e com os irmãos de comunidade.

Documentos da Igreja para reflexão do catequista

O seguimento de Jesus, Caminho, Verdade e Vida é garantia de nossa felicidade, como nos disse Bento XVI, no início do seu pontificado: "Não tenham medo de Cristo! Ele não tira nada e dá tudo!" (Homilia na inauguração do pontificado, 24 de abril de 2005). Já o Concílio Vaticano II afirmava que a pessoa humana só se compreende verdadeiramente diante de Jesus Cristo. Cristo nos mostra quem nós somos e qual é nossa missão neste mundo (Gaudium et Spes, 22). Diz ainda: "Todo aquele que segue Cristo, o Homem perfeito, torna-se ele também mais homem" (Gaudium et Spes, 41). Santo Agostinho afirmou que fomos feitos para Deus: "Fizeste-nos para Vós, e o nosso coração permanece inquieto, enquanto em Vós não descansar" (cf. Confissões, I, 1).

3. JESUS CAMINHO! ABRE MEU CORAÇÃO PARA ACOLHER A TUA VONTADE

- Orientar aos catequizandos para que respondam as questões seguintes e escrevam seu caderno:
  - Como podemos conhecer o caminho que Jesus nos ensina?
  - O que nos desvia do Caminho, da Verdade e da Vida que é Jesus?
- Solicitar que cada catequizando escreva na pétala de flor de papel um propósito: O que vai fazer de hoje em diante para entrar no caminho de Jesus, viver sua verdade e sua vida?
- Orientar para colocarem a pétala no caminho traçado no centro da sala e depois fazer um breve comentário sobre os própositos em relação ao tema do encontro.

4. JESUS VIDA! FORTALECE A MINHA VONTADE PARA VIVER A TUA PALAVRA

- Comentar: Temos, à nossa frente, um caminho. Jesus está indicando que Ele é o Caminho a Verdade e a Vida. Quem segue Jesus busca aproximar-se da santidade do amor a Deus e aos irmãos.
- Convidar para olhar a imagem de Jesus e rezar juntos:

  Oração: Senhor Jesus, vós sois o verdadeiro caminho para a vida. Ajudai--nos a caminhar convosco, para vivermos a vida verdadeira. Seguindo-Vos como caminho seremos mais fortes, sinais de esperança e de vida fraterna. Amém!

5. COMPROMISSO

- Nesta semana, vamos procurar pessoas, colegas, amigos que estejam desanimados e que perderam a esperança. Vamos falar para eles que Jesus é o Caminho, a Verdade e a Vida. Quem o segue, busca a VIDA NOVA.

Lembrete:

Trazer para o próximo encontro algum alimento que poderá ser partilhado com pessoas ou famílias pobres e necessitadas.

6. AVALIAÇÃO DO CATEQUISTA

Durante a semana, avaliar o encontro. Anotar os pontos fortes. Como se sentiu? Os objetivos foram alcançados? Quais foram as dificuldades encontradas?

29º Encontro

A experiência das primeiras comunidades cristãs

Preparando o encontro

Para se organizar e viver como verdadeira comunidade de Igreja, os cristãos devem se espelhar em Jesus Cristo. A experiência concreta do início da Igreja nos faz entender como os primeiros cristãos estavam unidos a Jesus Cristo. O testemunho dos cristãos da "primeira hora" é o sonho de Deus para toda a humanidade.

Objetivo: Fazer a experiência da proposta de Jesus, para viver como irmãos e irmãs, filhos e filhas de Deus na comunidade cristã.

Preparação do ambiente: Preparar a Bíblia, a vela, flores e um cesto para colocar os alimentos que serão trazidos.

1. MOMENTO DE ACOLHIDA E ORAÇÃO

- Acolher cada um que chega com alegria e com um abraço.
- Orientar para colocar o alimento que trouxe no cesto preparado no centro da sala. Agradecer a sensibilidade e o gesto concreto.
- Iniciar cantando o sinal da cruz.
- Iniciando a conversa:
    - Como vivem as pessoas hoje? São fraternas?
    - As pessoas gostam de repartir o que têm com os outros ou querem somente acumular para si?
    - Sentimos maior alegria em dar ou em receber?

2. JESUS VERDADE! AJUDA-ME A CONHECER A TUA PALAVRA

- Solicitar para que cada catequizando erga bem alto a sua Bíblia e junto com os colegas cantar (fazer a escolha de um canto adequado ao tema).

- Leitura do texto bíblico: At 2,42-47.
- Cada um lê mais uma ou duas vezes em silêncio.
- Refletir e partilhar a partir das questões:
  - Destacar as características dos primeiros cristãos.
  - O que faziam e como viviam?

Para reflexão do catequista

Animados pela força do Espírito, os apóstolos começaram a anunciar Jesus Cristo. Assim, formou-se um grupo importante de pessoas que viviam o ensinamento de Jesus. Esse texto descreve o estilo de vida, a força e a coragem das primeiras comunidades cristãs e as novas relações entre as pessoas. Reuniam-se diariamente para rezar e escutar a Palavra. Juntavam-se nas casas para comer juntos. Viviam a alegria de irmãos e irmãs. Entregavam aos apóstolos uma parte de seus bens para ajudar os necessitados. Celebravam a fração do pão ou missa. Em toda parte, davam testemunho de Jesus. Frequentavam a Igreja, isto é, mergulhavam sua vida em Deus. O resultado era a partilha do pão pelas casas e a comunhão fraterna. Eles tinham tudo em comum e viviam o ideal da verdadeira comunidade cristã.

A comunidade familiar, ou eclesial, é o lugar privilegiado da presença de Jesus, porque é o lugar do amor. Vale a pena experimentar a vida nova trazida por Jesus. Fazer a experiência da comunidade é fazer a experiência de DEUS-TRINDADE. A Trindade é a melhor comunidade.

Documentos da Igreja para reflexão do catequista

Ao falar dos lugares onde o cristão pode se encontrar com Cristo, o Documento de Aparecida aponta que "Jesus está presente em meio a uma comunidade viva na fé e no amor fraterno. Aí Ele cumpre sua promessa: "Onde estão dois ou três reunidos em meu nome, aí estou eu no meio deles." (Mt 18,20) (Documento de Aparecida, 256). "Nossos fiéis buscam comunidades cristãs, onde sejam acolhidos fraternalmente e se sintam valorizados, visíveis e incluídos eclesialmente. É necessário que nossos fiéis se sintam realmente membros de uma comunidade eclesial e corresponsáveis por seu desenvolvimento. Isto permitirá um maior compromisso e entrega na Igreja e pela Igreja" (DA 226b) (cf. Plano de Evangelização 2008-2011 Diocese de Caxias do Sul, p. 17).

3. JESUS CAMINHO! ABRE MEU CORAÇÃO PARA ACOLHER A TUA VONTADE

- Ao ler a Palavra, descobrimos que os apóstolos eram perseverantes, partilhavam, rezavam e tinham tudo em comum.
- Orientar para que os catequizandos respondam e escrevam em seu caderno:
    - Quais eram as qualidades das primeiras comunidades cristãs?
    - O nosso grupo de catequese é uma pequena comunidade. Quais são as qualidades do nosso grupo de catequese?
    - Quais são as qualidades que encontramos em nossa comunidade cristã?
- Convidar para cantar: *Quando o dia da paz renascer* – Zé Vicente (preparar o texto da música para cada participante).

4. JESUS VIDA! FORTALECE A MINHA VONTADE PARA VIVER A TUA PALAVRA

- Comentar com os catequizandos: os apóstolos eram perseverantes em escutar a Palavra do Senhor, nas orações e na partilha do pão.
- Orientar os catequizandos a meditar e a escrever em seu caderno:
    - O que vamos dizer a Deus, depois de termos ouvido sua Palavra?
    - Deixar um tempo de silêncio para cada um elaborar sua oração.
- Após, partilhar no grupo.
- Rezar juntos o Salmo da Bíblia 133: "Como é bom, como é agradável os irmãos viverem juntos".

Oração: (Durante a oração, erguer os alimentos trazidos, louvando a Deus, para depois distribuí-los aos necessitados.)

Obrigado, Jesus, porque sou membro do vosso povo e da vossa Igreja. Agradeço porque, na catequese, estou conhecendo este Povo do qual faço parte. Peço a vós a graça de viver as qualidades que marcam a vossa comunidade. Abençoais, Jesus, os que aceitam o chamado de servir ao povo, na vocação de padre, na vida religiosa, como catequista, servindo aos mais pobres. Obrigado pelas pessoas que se dedicam à vossa comunidade. Estas pessoas e muitas outras que, por amor, dedicam-se ao bem da vossa comunidade. Despertai em meu coração e no coração de todos o desafio da generosidade. Ajudai-nos a servir a todos os cristãos e seguir-Vos, reforçar a comunidade e acolher com ternura aos mais pobres. Amém!

- Rezar o Pai-Nosso de mãos dadas e partilhar o alimento com alegria.

5. COMPROMISSO

- Orientar para, juntos, escolher, uma família, pessoa necessitada ou alguma instituição beneficente, para doar os alimentos com o espírito de gratuidade e atenção às pessoas.

6. AVALIAÇÃO DO CATEQUISTA

Durante a semana, avaliar o encontro. Anotar os pontos fortes. Como se sentiu? Os objetivos foram alcançados? Quais foram as dificuldades encontradas?

30º Encontro

A beleza e o compromisso de ser cristão: os mártires

Preparando o encontro

Os apóstolos, no início da Igreja, e muitos cristãos, ao longo de sua história, por sua fidelidade a Jesus Cristo, sofreram o martírio. Os mártires são pessoas que deram sua vida para seguir Jesus. Assim, a Igreja foi sendo construída e fortificada pelo testemunho de fé de tantos irmãos e irmãs. Esse testemunho ajuda a compreender esse amor a Jesus e à Igreja, que levou muitos ao martírio, e ajuda a assumir com alegria e disponibilidade nossa missão de cristãos no meio do mundo.

Objetivo: Manifestar a fé no seguimento de Jesus e na missão de salvar a vida.

Preparação do ambiente: Colocar, no centro da sala, uma cruz ornamentada com flores, além da vela, da Bíblia e de algumas fotos ou recortes de jornais e revistas da Irmã Dorothy, de D. Oscar Romero, de D. Helder Câmara, de D. Luciano de Almeida. Essas pessoas morreram pela fé e lutaram pela justiça e pela dignidade das pessoas.

1. MOMENTO DE ACOLHIDA E ORAÇÃO

- Convidar os catequizandos a iniciar o encontro fazendo o sinal da cruz e a partilharem a experiência do gesto solidário.
- Conversar sobre as figuras e os símbolos que estão no local do encontro.
- O catequista conversará sobre cada uma das imagens das pessoas que compõem o cenário e porque são chamados de mártires.

2. JESUS VERDADE! AJUDA-ME A CONHECER A TUA PALAVRA

- Leitura do texto bíblico: Ap 7,1-17.
- Orientar para que um catequizando leia o texto mais uma vez.
- Convidar a refletir e partilhar, procedendo da seguinte forma:
    - Todos juntos, procuram contar a história, isto é, o que o texto diz.
    - Cada um apresenta a frase que mais chamou sua atenção.

Para reflexão do catequista

Este texto mostra quem são os que se salvam. Aqueles que perseveram até o fim, resistindo às perseguições. Deus é o grande aliado de quem se decide por Ele em defesa da vida. A mensagem apocalíptica traz a manifestação de Jesus ressuscitado como Senhor do universo e da história. A salvação vem de Deus àqueles que o temem. O livro do Apocalipse ajuda a compreender a vida e a história a partir do testemunho de Jesus. Esse testemunho transforma a sociedade, tornando cada vez mais próximo o Reino de Deus. A grande tribulação são as perseguições que sofremos quando defendemos a justiça e o direito. Lembramos Dom Oscar Romero, pastor e mártir da nossa América.

"O Cristo nos convida a não ter medo da perseguição."

É preciso ser coerente no seguimento, pois, na sequência, haverá um fim feliz e alegre. A grande esperança reside na certeza de que Deus enxugará toda lágrima (Ap 7,17).

Documentos da Igreja para reflexão do catequista

O martírio é o maior sinal da vivência coerente da fé, até o fim, como nos diz o Concílio Vaticano II: "Visto que Jesus, Filho de Deus, manifestou Sua caridade entregando Sua vida por nós, ninguém possui maior amor do que aquele que entrega sua vida por Ele e seus irmãos (1Jo 3,16; Jo 15,13). Por isso, desde o início da Igreja, alguns cristãos foram chamados, e alguns sempre são chamados para dar o supremo testemunho de seu amor diante de todos os homens, mas de modo especial perante os perseguidores. O martírio, por conseguinte, pelo qual o discípulo se assemelha ao Mestre que aceita livremente a morte pela salvação do mundo, e se conforma a Ele na efusão do sangue é estimado pela Igreja como exímio dom e suprema prova de caridade" (Lumen Gentium, 42).

3. JESUS CAMINHO! ABRE MEU CORAÇÃO PARA ACOLHER A TUA VONTADE

- Orientar o catequizando para responder e registrar em seu caderno:
    - O que esta Palavra de Deus diz para nós?
    - Converse e registre as ações e atitudes que você e seus colegas elegerem como aquelas que os ajudam a ser cristãos.
    - Anote os fatos e ações que para você e seus colegas os impedem de viver conforme o desejo de Jesus.
    - Você quer ser cristão de nome ou de fato? Escreva o que considera que precisa fazer.

4. JESUS VIDA! FORTALECE A MINHA VONTADE PARA VIVER A TUA PALAVRA

- Convidar os catequizandos para cantar diante dos símbolos a música *Pai-Nosso Dos Mártires* (Zé Vicente). Durante o canto, cada um vai colocar a flor que recebeu sobre a cruz. (Preparar o CD ou o texto da música.)
- Convidar para rezar juntos:

Senhor Jesus, seguindo o vosso exemplo, queremos ser cristãos de verdade. Aprendemos muitas coisas bonitas na catequese. Não podemos parar, desistir e nem nos deixar levar pelas pessoas despreparadas. Abençoai, Senhor, a nossa vida, para sermos fortes, corajosos e perseverantes na fé e no compromisso comunitário. Amém!

5. COMPROMISSO

- Ler, em casa, com os pais, o texto bíblico e tentar responder às perguntas:
    - Como ser cristão hoje neste mundo em que vivemos?
    - Escrever em seu caderno algum compromisso pessoal.

- Como viver melhor, de hoje em diante, a minha vida de batizado?
- Os mártires realizaram ações boas em favor dos outros e defenderam a fé cristã. E eu, o que vou fazer?

Lembrete:

Convidar os pais para a celebração da entrega da lembrança da Primeira Eucaristia, do terço e do escapulário.

6. AVALIAÇÃO DO CATEQUISTA

Durante a semana, avaliar o encontro. Anotar os pontos fortes. Como se sentiu? Os objetivos foram alcançados? Quais foram as dificuldades encontradas?

31º Encontro

Dízimo: louvor e gratidão a Deus

Preparando o encontro

O dízimo é um ato de louvor e adoração a Deus. É um compromisso do cristão. É uma maneira de reconhecer que tudo o que somos e temos tem um único criador: Deus. Contribuir com o dízimo é abrir o coração e a vida, partilhando o que se tem, mesmo quando se tem pouco. Sempre que oferecido com fé, o dízimo se torna um ato de amor.

Objetivo: Ajudar os catequizandos que estão no Caminho de Iniciação à Vida Cristã a perceberem a importância de reconhecer tudo o que recebemos de Deus e como sermos agradecidos.

Preparação do ambiente: A Bíblia, a vela, montar um coração com ramos verdes ou pétalas de flores e dentro do coração escrever: "Obrigado, Senhor".

1. MOMENTO DE ACOLHIDA E ORAÇÃO

- Acolher a cada um, com alegria, desejando um bom encontro.
- Iniciar com o sinal da cruz cantado e depois rezar juntos:

Oração: Recebei, Senhor, o nosso dízimo. Não é esmola, porque não sois mendigo. Não é uma simples contribuição, porque não precisais dela. Esta importância representa, Senhor, nosso reconhecimento, amor, participação na vida da comunidade, pois o que temos, recebemos de vós. Amém!

- Iniciando a conversa:
  - Comentar: no encontro de hoje, juntos buscamos compreender o que é o dízimo. Todas as religiões têm o dízimo. A palavra dízimo significa dez por cento. Muitas religiões pedem este valor às pessoas que fazem parte da igreja. Mas é importante entender que o que deve motivar a nossa oferta deve ser a gratidão que brota do coração. Tudo o que temos recebemos de Deus, dons e bens.
- Já ouviram falar sobre o dízimo, em casa?

2. JESUS VERDADE! AJUDA-ME A CONHECER A TUA PALAVRA

- Leitura dos textos bíblicos: 2 Cor 9,6-8; 1 Tm 6,7-8.
- Destacar as palavras que mais chamaram atenção de cada texto e solicitar para que os catequizandos comentem-as, livremente.

Para reflexão do catequista

Toda a coleta em favor dos necessitados da comunidade de Jerusalém desde o início da vida cristã das comunidades a questão econômica também fazia parte do testemunho demonstra que já fazia parte do testemunho dos cristãos. A partilha e a solidariedade em favor dos mais necessitados, dos mais pobres era também questão de fé, de amor e de fidelidade a Jesus.

Deus quer que haja vida em abundância para todas as pessoas, por isso todos nós, que queremos viver como Jesus viveu, devemos lutar para que esta vida em abundância se torne verdadeira para todos. Deus foi tão generoso para conosco, deu-nos tantas coisas; nós somos chamados a também agradecer, reconhecer e partilhar.

3. JESUS CAMINHO! ABRE MEU CORAÇÃO PARA ACOLHER A TUA VONTADE

- Orientar para que cada catequizando escreva em seu caderno:
  - O que a Palavra de Deus nos ensina no encontro de hoje?
  - Somos capazes de agradecer a Deus por tantas coisas que recebemos Dele?
  - Como são nossos gestos de partilha com os mais necessitados?

4. JESUS VIDA! FORTALECE A MINHA VONTADE PARA VIVER A TUA PALAVRA

- Indicar para que cada catequizando:
  - Faça sua oração de gratidão, de ação de graças e registre em seu caderno. Convidar para rezar o Salmo 145.
- Convidar para rezar o Salmo 145 – "Eu te exalto, meu Deus, meu Rei...".

5. COMPROMISSO

- Falar em casa, aos pais, alguma coisa importante que entendeu hoje sobre o sentido do dízimo.
- Comentar: através de nosso dízimo, estamos cumprindo com nossa parte de responsabilidade na sobrevivência de nossa paróquia.
- Orientar para que procurem compreender como está organizado o dízimo na paróquia e como a família e você mesmo pode fazer parte disso.

6. AVALIAÇÃO DO CATEQUISTA

Durante a semana, avaliar o encontro. Anotar os pontos fortes. Como se sentiu? Os objetivos foram alcançados? Quais foram as dificuldades encontradas?

Celebração da entrega da lembrança da Primeira Eucaristia, do escapulário e do terço

Esta celebração poderá ser feita em comunidade, na última semana de catequese, antes de iniciar a terceira etapa, coincidindo com o segundo ou terceiro domingo de setembro.

- Participar da celebração própria do dia. Na motivação inicial, fazer referência às crianças que fizeram sua Primeira Comunhão Eucarística há poucos dias e que hoje recebem a lembrança, o terço e o escapulário como sinais da presença do amor e do carinho de Deus para cada um.
- Na procissão de entrada, poderão entrar algumas pessoas (catequizando, catequista e um casal de pais) com bandejas. Levar esses símbolos e colocá-los em uma mesinha preparada para depositá-los.
- Na motivação inicial, fazer referência à presença do grupo dos que fizeram sua Primeira Comunhão Eucarística, de seus pais ou responsáveis e que, no fim dessa celebração, receberão a lembrança, o terço e o escapulário.
- Nas preces, rezar pelo grupo, por suas famílias e comunidade.
- Pode haver a participação dos catequizandos e dos pais.

ORAÇÃO APÓS A COMUNHÃO:

- Antes da bênção final: (O presidente da celebração se aproxima da mesa onde estão as bandejas com os terços, lembranças e escapulários. Um casal e um catequista os erguem à frente de todos.)

Animador: Irmãos e irmãs, procedemos à bênção desses objetos que expressam a presença de Deus em nossa vida, sinal de bênção e de proteção.

Presidente da celebração: Senhor, Pai santo e terno, olhai com carinho para estes vossos filhos e filhas. Hoje, diante desta comunidade, reafirmam seu compromisso de viver no seguimento de Jesus. Abençoai estes objetos. Fazei que sejam, para cada um, presença viva do Senhor Jesus, e sirvam para viver conforme sua Palavra. Por Cristo, nosso Senhor.

Todos: Amém!

Presidente da celebração: Aproximem-se, catequistas e catequizandos, para a bênção final.

1. Deus Pai vos dê a graça de buscar sempre o bem e permanecer fiéis na escuta de sua Palavra.

Todos: Amém!

2. O Senhor Jesus, Bom Pastor que prometeu estar sempre conosco, vos fortaleça no seu amor e vos faça segui-Lo como Caminho, Verdade e Vida.

Todos: Amém!

3. O Espírito Santo, fonte da vida, esteja convosco para vos iluminar e vos fortalecer no caminho do bem.

Todos: Amém!

O Senhor vos abençoe e vos guarde. Amém! Ele se compadeça de vós. Amém!

Ele vos guarde no calor do seu abraço. Amém!

(Os pais e catequistas façam a entrega dos símbolos para os filhos e catequizandos.)

Canto final.

Celebrar a vida e a esperança com nossos irmãos falecidos

Anexo

— Preparando o encontro —

Vivemos um tempo nesta caminhada terrena, mas nos realizaremos plenamente ao nos encontrarmos no amor eterno de Deus. Pela morte e ressurreição de Cristo, não só temos a garantia da vida plena em Deus, como também, somos chamados a, já, aqui, construirmos condições de vida que nos tornem felizes. A comemoração de finados é celebração da esperança da ressurreição, da vida nova, participando da vitória pela qual Cristo nos faz continuar a viver. Lembramos o testemunho de vida que estas pessoas queridas nos deixaram e nos convidam a vivermos conforme Deus quer. "Se o grão de trigo não morrer, não produzirá frutos" (Jo. 12,24).

Objetivo: Celebrar o Dia de Finados e refletir sobre o sentido da vida a partir do que a Palavra nos fala da morte e da ressurreição.

Preparação do ambiente: Vela, Bíblia, cruz, flores e uma caixa ou vaso com terra e algum tipo de semente (milho, trigo, feijão...). A frase: "Se o grão de trigo não morrer, não produzirá frutos", escrita num cartaz.

1. MOMENTO DE ACOLHIDA E ORAÇÃO

- Acolher todos com alegria e com um canto apropriado.
- Convidar para rezar o Pai-Nosso de mãos dadas.
- Iniciando a conversa:
  - Comentar: o tema desse encontro é sobre uma realidade da vida de todos nós: a morte. A Igreja, todos os anos, no dia 2 de novembro, celebra o Dia de Finados. Lembra dos falecidos.

Temos o costume de ir ao cemitério para levar flores, acender velas, rezar nos túmulos dos falecidos. Nesse dia, os cemitérios parecem jardins floridos. É a saudade, o choro, a lembrança de coisas boas.

- Conversar sobre as experiências que cada um tem sobre essa realidade: o que sabem e que costume tem a família? O que significa para você esse dia?

2. JESUS VERDADE! AJUDA-ME A CONHECER A TUA PALAVRA

- Leitura do texto bíblico: Jo 12,20-28.
- Propor aos catequizandos para refletir e partilhar a partir das seguintes questões:
    - Que imagem Jesus usa nesse texto para falar da morte, da vida e da ressurreição?
    - Que palavras do texto me chamam mais atenção?

Para reflexão do catequista

Esse texto é usado nas celebrações dos funerais e também no dia em que recordamos os que já partiram, Dia de Finados. Jesus faz uma reflexão sobre a morte. Compara a morte de uma pessoa a um grão de trigo que é semeado na terra: só produz novas espigas de trigo se o grão plantado morrer, desaparecer e dele nascer uma nova plantinha. Não é fácil entender a morte. Diante dela surgem muitas perguntas, e todos buscam respostas. No texto, isso é tão certo que até os pagãos (isto é, os gregos) vinham ouvir a explicação de Jesus. Ele falava com naturalidade sobre a morte, inclusive, da sua morte. O certo é que o estilo de vida que vivemos não nos ajuda a entender a morte. Escondemos a morte, procuramos não falar sobre ela, tornou-se quase um tabu. Na verdade, ela questiona o nosso jeito de viver e nossos valores.

Os falecidos, que recordamos no Dia de Finados, são pessoas que nasceram, cresceram, trabalharam, amaram e rezaram. Depois, partiram, como um grão de trigo que desapareceu, mas que produziu frutos. Deixaram tudo a nós, que agora vivemos, para que o seu exemplo nos estimule a fazer o bem. E Jesus é bem claro: o sentido da morte depende do modo como vivemos. Quem é egoísta, que pensa só em si, esse vai morrendo sem produzir frutos (v. 25a). Quem vive como o grão de trigo apodrece, doa-se, para que dele brote muitas espigas. Da mesma forma, as pessoas generosas, que não pensam em si, ficam sempre vivas, porque o bem que se faz não passa. (v. 25a).

Muitos, hoje, não querem sacrifícios e nem pensar nos outros. Nem imaginam o que significa a cruz (morte) de Cristo. A cruz e a ressurreição são como o grão que morre e que nasce como novo trigo. Quem vive se doando, gastando sua vida fazendo o bem, quando morre, nasce para a vida eterna, porque já provou os sinais da eternidade aqui. Viver só para si é morrer para todos. Dar a vida é plantar nela a semente da eternidade, sabendo que Deus é generoso conosco. Então, que sentido tem a morte? Dependerá de como eu viver.

Comemorar as pessoas falecidas nos faz recordar que todos os que pelo batismo foram incorporados a Cristo com Ele ressuscitarão dentre os mortos, semelhante à sua ressurreição. Por isso, celebramos o mistério da vida que passa pela morte. Podemos viver em comunhão com tantas pessoas queridas que agora vivem a plenitude da vida e nos precederam no caminho da fé. Isso nos exige acreditar na ressurreição. A comemoração de finados é a celebração da esperança da ressurreição, da vida nova. É participar da vitória pela qual Cristo nos faz continuar a viver. Lembramos o testemunho de vida que essas pessoas queridas nos deixaram e nos convidam a viver conforme Deus quer.

Documentos da Igreja para reflexão do catequista

A morte é o fim da caminhada na Terra. Vivemos nesta Terra uma única vez e depois morremos. Nunca mais voltaremos a viver neste mundo. "Os homens devem morrer uma só vez" (Hb 9,27), nos diz a Carta aos Hebreus (Catecismo da Igreja Católica, 1013). Mas nossa vida não acaba com a morte. Na liturgia da missa pelos falecidos, rezamos assim: "Senhor, para os que creem em vós, a vida não é tirada, mas transformada. E desfeito o nosso corpo mortal, nos é dado, nos céus, um corpo imperecível (eterno, que não tornará a morrer)" (Catecismo da Igreja Católica, 1.012). Os cristãos acreditam que, após a morte, haverá a ressurreição. "Cremos firmemente e assim esperamos que, da mesma forma que Cristo ressuscitou verdadeiramente dos mortos, e vive para sempre, assim também, depois da morte, os justos viverão para sempre com Cristo ressuscitado e que Ele os ressuscitará no último dia" (Catecismo da Igreja Católica, 989). Santa Terezinha do Menino Jesus dizia: "Eu não morro, entro na vida".

3. JESUS CAMINHO! ABRE MEU CORAÇÃO PARA ACOLHER A TUA VONTADE

- Orientar para conversarem, tendo por base o texto, sobre as perguntas:
    - Jesus garante para todos nós a ressurreição. Morrer é viver plenamente para a vida com Deus. Nós acreditamos nisso?
    - Como entender que, para viver, é preciso morrer?
    - De que forma valorizamos a nossa vida e a vida das pessoas?
- Escolher um canto adequado ao tema, para compor um momento de interiorização sobre o que foi lido e ouvido.
- Motivar a escrever o que a Palavra de Deus diz para nós hoje.

4. JESUS VIDA! FORTALECE A MINHA VONTADE DE VIVER A TUA PALAVRA

- Indicar que o catequizando escreva em seu caderno:
    - O que essa Palavra me faz dizer a Deus?
- Comentar: se o grão de trigo não cai na terra e não morre, não produzirá frutos.
- Convidar para colocar as sementes na terra (que foi preparada em vaso ou caixa), explicando que é preciso que morram e desapareçam para poder produzir frutos. Motivar a fazer esse gesto em silêncio.
- Orientar para que diante da cruz, da Palavra e da vela, rezem juntos a oração: "Creio em Deus Pai, todo-poderoso...".

- Incentivar a fazer preces e orações espontâneas, dizendo, após cada prece: *"Eu creio na vida eterna"*.
- Convidar a encerrar o momento, rezando juntos:

    Oração: *Senhor Jesus, Vós que viestes nos mostrar o caminho da vida e nos dissestes que era necessário amar Deus e o próximo, ajudai-nos a crer em Vós e a mudar de vida. Ajudai-nos a ser solidários e misericordiosos com os que estão ao nosso lado. Por isso, Senhor, Vos pedimos que nos ajudeis a entender a mensagem de vida e de ressurreição que hoje refletimos. Amém!*

5. COMPROMISSO

- Fazer uma visita ao cemitério, rezando pelas pessoas que já viveram conosco e que amamos.
- Perceber situações onde a vida das pessoas e do meio ambiente não é respeitada nem valorizada. Trazer essas realidades para o próximo encontro.

6. AVALIAÇÃO DO CATEQUISTA

Durante a semana, avaliar o encontro. Anotar os pontos fortes. Como se sentiu? Os objetivos foram alcançados? Quais foram as dificuldades sentidas?

Orações do cristão

Pelo sinal da santa cruz, livrai-nos Deus, Nosso Senhor, dos nossos inimigos. Em Nome do Pai e do Filho e do Espírito Santo. Amém!

OFERECIMENTO DO DIA

Adoro-vos, meu Deus, amo-vos de todo o meu coração. Agradeço-vos porque me criastes, me fizestes cristão, me conservastes a vida e a saúde. Ofereço-vos o meu dia: que todas as minhas ações correspondam à vossa vontade, e que eu faça tudo para a vossa glória e a paz dos homens. Livrai-me do pecado, do perigo e de todo mal. Que a vossa graça, bênção, luz e presença permaneçam sempre comigo e com todos aqueles que eu amo. Amém!

PAI-NOSSO

Pai nosso que estais nos céus, santificado seja o vosso nome; venha a nós o vosso reino, seja feita a vossa vontade, assim na terra como no céu. O pão nosso de cada dia nos dai hoje; perdoai-nos as nossas ofensas, assim como nós perdoamos a quem nos tem ofendido; e não nos deixeis cair em tentação, mas livrai-nos do mal. Amém!

AVE-MARIA

Ave Maria, cheia de graça, o Senhor é convosco; bendita sois vós entre as mulheres, e bendito é o fruto do vosso ventre, Jesus. Santa Maria, Mãe de Deus, rogai por nós, pecadores, agora e na hora de nossa morte. Amém!

GLÓRIA

Glória ao Pai e ao Filho e ao Espírito Santo. Como era no princípio, agora e sempre. Amém!

SALVE RAINHA

Salve, Rainha, Mãe de misericórdia, vida, doçura e esperança nossa, salve! A vós bradamos os degredados filhos de Eva. A vós suspiramos, gemendo e chorando neste vale de lágrimas. Eia, pois, advogada nossa, esses vossos olhos misericordiosos a nós volvei, e depois deste desterro, mostrai-nos Jesus, bendito fruto do vosso ventre, ó clemente, ó piedosa, ó doce e sempre Virgem Maria.
– Rogai por nós, Santa Mãe de Deus!
– Para que sejamos dignos das promessas de Cristo. Amém!

SAUDAÇÃO À NOSSA SENHORA (no tempo comum)

– O anjo do Senhor anunciou a Maria.
– E ela concebeu do Espírito Santo.
Ave Maria...
– Eis aqui a serva do Senhor.
– Faça-se em mim segundo a vossa Palavra.
Ave Maria...
– E o Verbo se fez carne.
– E habitou entre nós.
Ave, Maria...

– Rogai por nós, Santa Mãe de Deus.
– Para que sejamos dignos das promessas de Cristo.

Oremos: Infundi, Senhor, como vos pedimos, a vossa graça em nossas almas, para que nós, que pela anunciação do anjo viemos ao conhecimento da encarnação de Jesus Cristo, vosso Filho, por sua paixão e morte sejamos conduzidos à glória da ressurreição. Pelo mesmo Cristo, Senhor nosso. Amém!

Para o tempo pascal: REGINA COELI (Rainha do Céu)

– Rainha do céu, alegrai-vos, aleluia.
– Porque quem merecestes trazer em vosso puríssimo seio, aleluia.
– Ressuscitou como disse, aleluia.
– Rogai por nós a Deus, aleluia.
– Exultai e alegrai-vos, ó Virgem Maria, aleluia.
– Porque o Senhor ressuscitou verdadeiramente, aleluia.

Oremos: Ó Deus, que vos dignastes alegrar o mundo com a ressurreição do vosso Filho Jesus Cristo, Senhor nosso, concedei-nos, vo-lo suplicamos, que por sua Mãe, a Virgem Maria, alcancemos os prazeres da vida eterna. Pelo mesmo Senhor Jesus Cristo. Amém!

ANJO DE DEUS, que sois a minha guarda, e a quem fui confiado por celestial piedade, ilumina-me, guardai-me, protegei-me, governai-me. Amém!

ANJO DA GUARDA

Santo Anjo do Senhor, meu zeloso guardador, se a ti me confiou a piedade divina, sempre me rege, guarda, governa e ilumina. Amém!

CREIO EM DEUS PAI todo-poderoso, criador do céu e da terra; e em Jesus Cristo, seu único Filho, nosso Senhor; que foi concebido pelo poder do Espírito Santo; nasceu da Vigem Maria, padeceu sob Pôncio Pilatos, foi crucificado, morto e sepultado. Desceu à mansão dos mortos; ressuscitou ao terceiro dia; subiu aos céus, está sentado à direita de Deus Pai todo-poderoso, donde há de vir a julgar os vivos e os mortos. Creio no Espírito Santo, na Santa Igreja Católica, na comunhão do santos, na remissão dos pecados, na ressurreição da carne, na vida eterna. Amém!

ORAÇÃO PARA VIVER BEM O DIA

Maria, minha querida e terna mãe, colocai vossa mão sobre a minha cabeça. Guardai a minha mente, meu coração e meus sentidos, para que eu possa agradar a vós e ao vosso Jesus e meu Deus e, assim, possa partilhar da vossa felicidade no céu. Jesus e Maria, dai-me a vossa bênção: Em nome do Pai e do Filho e do Espírito Santo. Amém!

ATO DE CONTRIÇÃO I

Meu Deus, eu me arrependo de todo o coração de vos ter ofendido, porque sois tão bom e amável. Prometo, com a vossa graça, nunca mais pecar. Meu Jesus, misericórdia!

ATO DE CONTRIÇÃO II
Senhor, eu me arrependo sinceramente de todo mal que pratiquei e do bem que deixei de fazer. Pecando, eu vos ofendi, meu Deus e Sumo Bem, digno de ser amado sobre todas as coisas. Prometo, firmemente, ajudado com a vossa graça, fazer penitência e fugir das ocasiões de pecar. Senhor, tende piedade de mim, pelos méritos da paixão, morte e ressurreição de Jesus Cristo, Nosso Salvador. Amém!

ORAÇÃO PELA FAMÍLIA
Pai, que nos protegeis e que nos destes a vida para participarmos de vossa felicidade, agradecemos o amparo que os pais nos deram desde o nascimento. Hoje queremos vos pedir pelas famílias, para que vivam na união e na alegria cristãs. Protegei nossos lares do mal e dos perigos que ameaçam a sua unidade. Pedimos para que o amor não desapareça nunca, e que os princípios do Evangelho sejam a norma de vida. Pedimos pelos lares em dificuldades, em desunião e em perigo de sucumbir, para que, lembrados do compromisso assumido na fé, encontrem o caminho do perdão, da alegria e da doação. A exemplo de São José, Maria Santíssima e Jesus, sejam nossas famílias uma pequena Igreja, onde se viva o amor. Amém!

INVOCAÇÃO AO ESPÍRITO SANTO
Vinde, Espírito Santo, enchei os corações dos vossos fiéis e acendei neles o fogo do vosso amor. Enviai o vosso Espírito e tudo será criado, e renovareis a face da Terra.
Oremos: Deus, que instruístes os corações dos vossos fiéis com a luz do Espírito Santo, fazei que apreciemos retamente todas as coisas segundo o mesmo Espírito, e gozemos sempre de sua consolação. Por Cristo, Senhor Nosso. Amém!

CONSAGRAÇÃO A NOSSA SENHORA
Ó Senhora minha, ó minha Mãe, eu me ofereço todo(a) a vós, e em prova da minha devoção para convosco vos consagro neste dia e para sempre, os meus olhos, os meus ouvidos, a minha boca, o meu coração e inteiramente todo o meu ser. E porque assim sou vosso(a), ó incomparável Mãe, guardai-me e defendei-me como coisa e propriedade vossa.

ORAÇÃO PELAS VOCAÇÕES
Jesus, Divino Mestre, que chamastes os apóstolos a vos seguirem, continuai a passar pelos nossos caminhos, pelas nossas famílias, pelas nossas escolas e continuai a repetir o convite a muitos dos nossos jovens. Dai coragem às pessoas convidadas. Dai força para que vos sejam fiéis como apóstolos leigos, como sacerdotes, como religiosos e religiosas, para o bem do povo de Deus e de toda a humanidade. Amém!

Mandamentos

Os dez MANDAMENTOS DA LEI DE DEUS, são:

1. Amar a Deus sobre todas as coisas.
2. Não tomar seu santo Nome em vão.
3. Guardar domingos e festas.
4. Honrar pai e mãe.
5. Não matar.
6. Não pecar contra a castidade.
7. Não furtar.
8. Não levantar falso testemunho.
9. Não desejar a mulher do próximo.
10. Não cobiçar as coisas alheias.

Os Mandamentos da Igreja são:

1. Participar da missa nos domingos e nas festas de guarda.
2. Confessar-se ao menos uma vez ao ano.
3. Comungar ao menos na Páscoa da ressurreição.
4. Jejuar e abster-se de carne conforme manda a Igreja.
5. Contribuir com o dízimo e ajudar a Igreja em suas necessidades.

Os Mandamentos da Caridade são:

1. Amarás ao Senhor, teu Deus, de todo o teu coração, de toda a tua alma e de toda a tua mente.
2. Amarás o teu próximo como a ti mesmo.

Pecados Capitais

Os sete PECADOS CAPITAIS:
1. Gula
2. Vaidade
3. Luxúria
4. Avareza
5. Preguiça
6. Cobiça
7. Ira

Sacramentos

Os sete SACRAMENTOS:
1. Batismo
2. Crisma ou Confirmação
3. Eucaristia
4. Penitência ou Reconciliação
5. Ordem ou Sacerdócio
6. Matrimônio
7. Unção dos Enfermos

Referências

Aplicação projeto piloto: Catequistas da Paróquia São Pedro do Jardim Independência, Setor de Pastoral Vila Alpina e Vila Prudente. Região Pastoral Belém. Arquidiocese de São Paulo, 2008.
APOSTOLADO LITÚRGICO. *Ofício divino das comunidades*. São Paulo: Paulus, 1994.
APOSTOLADO LITÚRGICO. *Revista Liturgia*, São Paulo.
Bíblia Sagrada. São Paulo: Paulus, 1990 [Ed. Pastoral].
Bíblia do peregrino. São Paulo: Paulus, 2002.
BUYST, I. *Preparando a Páscoa, quaresma, tríduo pascal, tempo pascal*. São Paulo: Paulinas, 2002.
_____. *Celebrar com símbolos*. São Paulo: Paulinas, 1990.
Catecismo da Igreja Católica. São Paulo: Loyola, 2012.
CELAM. *Manual de catequética*. São Paulo: Paulus, 2007.
CENTRO CATEQUÉTICO DIOCESANO, Diocese de Osasco. *Livro do catequista*: fé, vida, comunidade. 2. ed. São Paulo: Paulus, 2005.
CNBB. Projeto Nacional de Evangelização: *Queremos ver Jesus Caminho, verdade e vida*. Roteiros homiléticos. São Paulo, Paulus: 2007.
_____. *Diretório Nacional de Catequese*. Brasília: Edições CNBB, 2006. (Documento 84.)
HETTER,W. J.A. *Catequesis bíblica*: viviendo el estilo de Jesús, Lectio Divina. Uruguai: Apostila, 2004.
MESTERS, C. *Os Dez Mandamentos*: ferramenta da comunidade. 2. ed. São Paulo: Paulus, 2004 [Col. Por trás das Palavras].
_____. *Com Jesus na contramão*. São Paulo: Paulinas, 1995.
NUCAP – NÚCLEO DE CATEQUESE PAULINAS. *Iniciação à Eucaristia*: Livro do catequista. São Paulo: Paulinas, 2008 [Coleção Água e Espírito].
PAIVA,V. *Catequese e liturgia*: Duas faces do mesmo mistério – Reflexões e sugestões para a iniciação entre catequese e liturgia. São Paulo: Paulus, 2008.
PONTIFÍCIAS OBRAS MISSIONÁRIAS. *Animando a infância missionária – 1º nível*: roteiros para encontros de grupo. Brasília: Abc; BSB, 2011.
_____. *Animando a infância missionária – 2º nível*: roteiros para encontros de grupos. Brasília: Abc; BSB, 2011.
SAGRADA CONGREGAÇÃO PARA OCULTO DIVINO. *Ritual de Iniciação Cristã de adultos*. São Paulo: Paulus, 2001.
SCHWANTES, M. *Gênesis 1-11*: vida, comunidade e Bíblia. São Leopoldo: CEBI, 2007.
SPERANDIO, W. *Crescendo juntos* – Catequese inicial. Marau: Marka, 2004.
_____. *Parceiros de Jesus* – Catequese 2. Marau: Marka, 2004.
_____. *Vivendo a Eucaristia* – Eucaristia 2. Marau: Marka, 2004.

Conecte-se conosco:

 facebook.com/editoravozes

 @editoravozes

 @editora_vozes

 youtube.com/editoravozes

 +55 24 99267-9864

www.vozes.com.br

Conheça nossas lojas:

www.livrariavozes.com.br

Belo Horizonte – Brasília – Campinas – Cuiabá – Curitiba
Fortaleza – Juiz de Fora – Petrópolis – Recife – São Paulo

  Vozes de Bolso

EDITORA VOZES LTDA.
Rua Frei Luís, 100 – Centro – Cep 25689-900 – Petrópolis, RJ
Tel.: (24) 2233-9000 – E-mail: vendas@vozes.com.br